新疆是个好地方

旅游品牌建设与传播

本书编委会　编

新疆科学技术出版社

图书在版编目（CIP）数据

旅游品牌建设与传播 / 本书编委会编. — 乌鲁木齐：新疆科学技术出版社，2023.8

（新疆是个好地方）

ISBN 978-7-5466-5363-1

Ⅰ. ①旅… Ⅱ. ①本… Ⅲ. ①旅游业—研究—新疆 Ⅳ. ①F592.745

中国国家版本馆CIP数据核字（2023）第059228号

总 策 划：李翠玲
执行策划：唐　辉
项目执行：顾雅莉
统　　筹：欧　东
责任编辑：顾雅莉　孙　瑾
责任校对：马宝麟
装帧设计：邓伟民　杨筱童

出　　版：新疆科学技术出版社
地　　址：乌鲁木齐市延安路255 号
邮政编码：830049
电　　话：（0991）2888243　2866319（Fax）
经　　销：新疆新华书店发行有限责任公司
印　　刷：北京雅昌艺术印刷有限公司
版　　次：2023年9月第1版
印　　次：2023年9月第1次印刷
开　　本：787 毫米 × 1092 毫米　1/16
字　　数：160千字
印　　张：10
定　　价：48.00元

新疆是个好地方

旅游品牌建设与传播

本书编委会

主　编　李翠玲

副主编　赵　红　王宗水

编　委　李翠玲　赵　红　王宗水　姚　鸽　葛芮辰
　　　　张静怡　庞增霞　何丹阳　狄书一　李毅诚
　　　　谈　津

CONTENTS

目 录

4　新疆旅游品牌的营销

5　新疆智慧旅游体系的建立

6　新疆旅游新业态的发展

1 新疆旅游业发展的时代背景

1.1 旅游业发展成为调结构、促就业、惠民生的战略支柱产业

自20世纪80年代以来，旅游就在我国经济社会发展中起到了重要的作用，不仅是经济的重要增长点，还是扩大内需、丰富人们文化生活的重要方式。党的十八大以来，全国旅游业快速发展，一直保持增长率高于GDP增速的较快发展水平，领跑其他产业，走在国民经济发展前列，全面融入国家战略体系，成为国民经济社会发展的战略性支柱产业。据统计，2015—2017年，全国旅游业总收入连续三年同比增长均超过10%，2018年提前两年实现“十三五”规划目标5.5万亿元；2019年实现国内旅游人数60.06亿人次，实现旅游总收入6.63万亿元，旅游综合贡献占全国GDP的11.05%，直接和间接就业7987万人，占全国就业人口的10.31%；我国旅游及相关产业增加值从2014年的2.75万亿元增长到2020年的4.06万亿元，年均增速5.0%，旅游业作为国民经济战略性支柱产业的地位更加巩固，在经济增长和带动就业方面起到了重要的作用（图1-1、图1-2）。

图1-1 全国旅游业收入情况

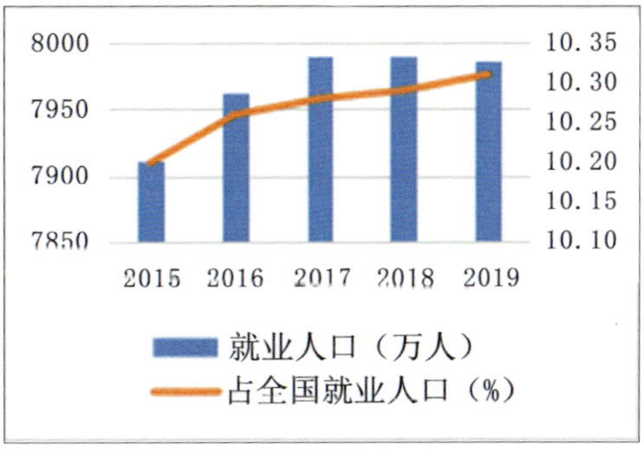

图1-2 全国旅游业直接和间接就业情况

近年来，新疆将旅游业确定为国民经济增长点和最具发展潜力的优势产业之一，大力实施旅游兴疆战略，推动新疆由旅游资源大区向旅游经济强区转变。2016—2019 年，新疆游客接待量年平均增长 38.08%，2017 年首次突破 1 亿人次，2019 年突破 2 亿人次，旅游业增加值对 GDP 的贡献率达到 13.95%，旅游业日益成为新疆战略支柱产业和经济高质量发展的重要引擎。2020 年受新冠疫情影响，新疆游客接待量大幅下滑；2021 年开始恢复增长，累计接待游客 1.91 亿人次，实现旅游总收入 1415.69 亿元。截至 2022 年 12 月，新疆拥有 17 家国家 5A 级旅游景区，7 个国家全域旅游示范区（昭苏县、博湖县、特克斯县、布尔津县、温泉县、第八师石河子市等），注册文旅企业近 3 万家，打造了“新疆是个好地方”旅游知名品牌（图 1–3 ~ 图 1–7）。今后新疆旅游业将继续保持高速增长态势，成为促进新疆经济发展的新动力。

图 1-3　中国温泉之乡——温泉县

图 1-4　昭苏县油菜花田

图 1-5　布尔津县喀纳斯湖

图 1-6　博湖县博斯腾湖

图 1-7　特克斯县“八卦城”

1.2　旅游产业“一业兴、百业旺”的带动作用不断凸显

旅游业已成为战略性支柱产业，关联度大、涉及面广、拉动力强。目前与旅游相关的产业有约 110 个，且外延不断延伸。旅游及相关消费不仅直接拉动传统产业，例如民航、公路与铁路、商业及餐饮等，也对金融、仓储、物流运输、信息咨询、影视娱乐、文化创意和会展博览等新兴产业与现代服务业的发展具有重要推动作用。据国家信息中心统计（2014），旅游消费对住宿业的贡献率超过 90%，对民航和铁路客运的贡献率超过 80%，对文化娱乐产业的贡献率超过 50%，对餐饮业和商品零售业的贡献率超过 40%。根据联合

国世界旅游组织统计，旅游业收入每增加 1 元，可带动相关行业增收 4.3 元；旅游业投资每增加 1 元，可带动其他行业投资增加 5 元；旅游业每增加 1 个直接就业人数，就可增加有关联的间接就业人数 5 个以上。由此可得出，旅游业是带动性和关联度较高的产业之一。

据 2012 年统计数据，全国就已有 28 个省区市把旅游业定位为战略性支柱产业，85% 以上的城市、80% 以上的区县将旅游业定位为支柱产业，旅游业成为新常态下经济增长的重要驱动力。近年来，新疆深入实施旅游兴疆战略，加快建设全域旅游示范区，推动旅游业与农牧业、生态、康养、教育、交通和信息等多产业融合，不断涌现出乡村游、冰雪游、酒庄游、康养游、研学游、低空游和民俗风情游等“旅游 +”特色业态，从而实现了“1+1>2”的效果（图 1–8）。

图 1-8　布尔津县禾木村

1.3 旅游综合消费成为人们美好生活的刚性需求

消费是最终需求，是畅通国内大循环的关键环节和重要引擎，对经济具有持久拉动力，事关保障和改善民生。近年来，随着我国经济社会快速发展、人民生活水平迅速提升，消费对经济增长的拉动作用愈发明显。2010 年，我国成为世界第二大经济体；2019 年，我国人均 GDP 70892 元（10276 美元）突破 1 万美元大关；2021 年，我国宣布全面建成小康社会。按照世界银行标准，人均 GDP 突破 1 万美元，意味着我国成为世界上中等收入群体规模最大的国家，而中等收入群体壮大，则是推动经济走向内需拉动型增长模式的主要力量。旅游消费是拉动内需的重要组成部分，从旅游消费支出对我国消费贡献度看，旅游消费支出占整个消费支出的比重逐步提高，从 2015 年的 19.2% 提高到 2019 年的 21.9%。随着人均 GDP 再上新台阶，多层次、多样性的消费需求空间进一步被打开，人们对高品质产品和服务的需求将持续增加，对文化、旅游、信息、康养、体育和娱乐消费的需求将稳步增长，这些需求都将进一步激发新的增长点，开创新的发展模式，带动新的产业发展，最终实现产业结构和需求结构在更高层次上形成新的动态平衡。

同时，全面建成小康社会意味着我国经济高质量发展、人民生活水平和质量普遍提高、国民素质和社会文明程度显著提高、生态环境质量总体改善、各方面制度更加成熟更加定型。正是有了这样的基础，人的全面发展才有了实现途径，满足人民日益增长的美好生活需要才成为民之所盼、政之所向。当前，人民日益增长的美好生活需要，越来越多地体现在文化和旅游消费方面，旅游度假成为小康社会人民美好生活的刚性需求，“幸福产业”“世界那么大，我想去看看”一时成为热潮。“十三五”期间，全国年人均出游超过 4 次。从 2021 年国家统计局居民收入和消费支出情况来看，全国居民人均消费支出 24100 元，比 2019 年增长 11.8%（扣除价格因素，下同），其中，全国居民八大类消费支出中，2021 年人均教育文化娱乐消费支出 2599 元，约占消费支出总金额的 11%（图 1–9）。2019—2021 年全国人均教育文化娱乐消费支出占人均消费支出的比重分别为 11.7%、9.6%、10.8%。可以看出，近年来文旅产业虽因新冠疫情受到较大冲击，但我国文旅产业发展空间大，未释放的消费需求也很大，疫情后必将得到强劲释放。

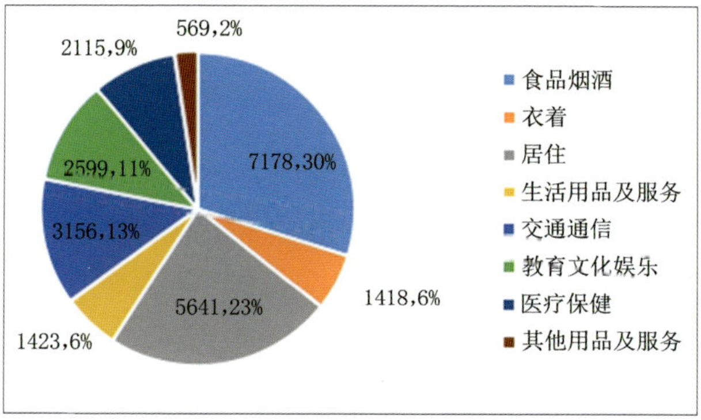

图 1-9　2021 年全国居民人均消费支出构成

1.4　发展文旅产业是新时代党的治疆方略的重要内容

党的十八大以来，以习近平同志为核心的党中央高度重视新疆旅游业发展。第二次中央新疆工作座谈会上，习近平总书记强调，要把旅游业发展为支柱产业，建设好一批国家级乃至世界级著名的旅游景区和景点。在第三次中央新疆工作座谈会上，习近平总书记指出，做好新疆工作，要完整准确贯彻新时代党的治疆方略，牢牢扭住新疆工作总目标，依法治疆、团结稳疆、文化润疆、富民兴疆、长期建疆。2022 年 7 月，习近平总书记在新疆考察时要求“要正确处理经济社会发展和生态环境保护的关系，推动文化和旅游融合发展，打造富民产业”。发展文化旅游产业已经与新疆经济社会发展、民生福祉息息相关，成为新疆社会稳定和长治久安的重大举措。

旅游业是贯彻新发展理念、加快推进高质量发展的重要产业。“绿水青山就是金山银山”“冰天雪地也是金山银山”鲜明指出了高质量发展与高水平保护的密切联系（图 1–10）。新疆生态环境脆弱、环保压力大，必须牢固树立社会主义生态文明观，坚持走全面绿色转型发展之路，全面打造山水林田湖草沙一体化保护和系统治理，让天蓝水碧、山清水秀成为高质量发展的生态本底；必须坚持把生态保护、乡村振兴、产业发展等工作一体推进，加快康养旅游、文化休闲、生态农业等绿色产业发展，力争把蓝天白云、绿水青山转化为新的竞争力。

旅游业是深入实施乡村振兴战略的重要载体。民族要复兴，乡村必振兴。进入实施第二个百年奋斗目标新征程，“三农”工作重心已历史性转向乡村振兴。旅游业特别是乡村旅游发展直接助推乡村一、二、三产业融合发展，促进乡村就业人数增长，带动农民增收致富。旅游业是乡村振兴的主力军。新疆具有丰富的农产品资源、旅游文化资源，全面推进乡村振兴，必须立足特色资源，因地制宜发展乡村旅游、休闲农业等新产业、新业态，贯通产加销，融合农文旅，走一条旅游业助力乡村振兴的特色之路。

党中央和自治区党委擘画了“十四五”时期新疆文化建设的主要目标以及远景规划，其中，实施文艺作品质量提升工程、推动文旅融合发展等在新疆的落地生根，是满足新疆各族人民文化需求和增强新疆各族人民凝聚力的重要战略举措。推进文化产业发展必须坚持以文塑旅、以旅彰文主基调，推进文旅融合发展，让铸牢中华民族共同体意识更加有形有感有效，直抵人心。文化是旅游的灵魂，旅游是文化的载体。旅游作为当今世界最广泛、最大众的交流方式，必然是发掘、弘扬、优化、保护和丰富文化的有效途径，以文化为内容、旅游为平台的文化旅游产业正呈现出前所未有的生机与活力。

图 1-10　新疆的滑雪场

旅游业是助力富民兴疆的重点产业。“十三五”以来，新疆旅游市场快速壮大、精品旅游目的地体系基本形成、旅游富民产业体系不断健全，在经济社会发展中的引领作用不断凸显。“十四五”期间，新疆旅游产业大有可为，推进富民兴疆必须紧紧围绕将旅游业打造为富民产业的目标，大力发展乡村旅游、休闲农业等，不断完善农村旅游基础设施，积极吸纳农村富余劳动力创业就业，开发乡村旅游商品、旅游线路，提升旅游业的综合带动效益。

1.5 自治区深入实施旅游兴疆战略

新疆旅游资源禀赋好、数量多、类型全，占全国旅游资源分类中 8 个主类的 100%、31 个亚类的 96.77%、155 个基本类型的 83.87%，资源景观神奇壮丽、历史文化底蕴厚重、民族风情浓郁多彩，发展旅游业前景广阔、潜力巨大。目前，我国大众旅游进入发展新阶段，我国双循环发展新格局的形成和文化润疆工程、旅游兴疆战略的实施，为新疆文旅产业高质量发展带来新机遇。新疆维吾尔自治区党委高度重视旅游业发展，成立自治区旅游发展领导小组，制定出台《旅游兴疆规划（2021—2030 年）》《新疆维吾尔自治区文化和旅游发展“十四五”规划纲要》《新疆维吾尔自治区旅游促进条例》

《新疆维吾尔自治区乡村旅游促进办法》等，依法保障旅游业发展。新疆维吾尔自治区党委十届三次、五次会议，进一步确立了旅游兴疆战略。2022 年自治区旅游发展大会明确提出，要以旅游业高质量发展为主线，以供给侧结构性改革为抓手，深入实施旅游兴疆战略，推动全区由旅游资源大区向旅游经济强区转变。力争到“十四五”末全区年接待境内外旅游人数达到 4 亿人次（其中过夜游客比例达到 50%），实现旅游总收入 5000 亿元（图 1-11），旅游及相关产业增加值占 GDP 比重不断提高，旅游直接和间接就业人口达到 220 万人，形成 5 个以上旅游产业聚集区，旅游商品销售收入占旅游总收入的 30%。

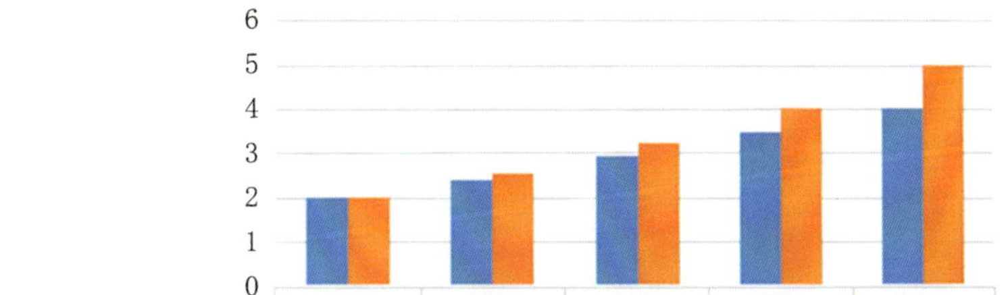

	2021	2022	2023	2024	2025
旅游人数（亿人次）	2.00	2.40	2.93	3.46	4.01
旅游收入（千亿元）	2.00	2.56	3.23	4.03	5.00

图 1-11　“十四五”期间新疆旅游经济主要指标

根据《旅游兴疆规划（2021—2030 年）》，2021—2030 年的十年是新疆旅游高质量发展的十年，是新疆旅游大开发、大建设的十年。新疆制定了“一心一地三带 N 区”的旅游发展布局，其中，“一心”即把新疆打造成为丝绸之路经济带旅游集散中心，“一地”即南疆丝绸之路文化和民族风情旅游目的地，“三带”即天山旅游产业带、阿尔泰山旅游产业带、西部边境旅游产业带，“N 区”即文化和旅游主体功能区布局。新疆将继续大力实施旅游品牌提升工程，着力开发精品景区和旅游线路，构建特色旅游目的地体系。加快建设以世界遗产景区为引领的国际旅游吸引物集群，建设以旅游度假区为导向的高品质目的地，建设以 5A 级旅游景区为龙头的旅游增长极，建设以全域旅游为抓手的旅游发展示范区，打造多元化旅游品牌核心吸引物。同时，进一步实施旅游基础设施提升工程，加大旅游基础设施投资力度，完善提升旅游精品景区、国家旅游度假区、自驾车旅居车营地、乡村旅游重点村、旅游风景道和自驾游路线等旅游基础设施核心吸引物，科学布局建设水、电、路、停车场、旅游厕所、观光停靠点、通信基站、加油站和旅游服务中心等旅游基础设施。重点打造一批文化和旅游产品，特别是大力发展冬季旅游、红色旅游、乡村旅游，培育文化和旅游新业态产品，开发一批文创旅游商品，发展特色旅游民宿。进一步培育壮大文化和旅游产业，加快建设数字文化和旅游服务体系，提升“新疆是个好地方”文化和旅游融合品牌影响力。

1.6　加快推进“一带一路”新疆旅游示范区建设

新疆是丝绸之路经济带建设的核心区。党的十八大以来，新疆出台了关于推进核心区建设的实施意见、行动计划、指导意见等，加快构建了以“一港、两区、五大中心、口岸经济带”为主线的发展格局，从相对封闭的内陆变成对外开放的前沿，成为产业西进的重要承接区和各方人士旅游观光、投资兴业的热土。目前，新疆对外投资覆盖60多个国家和地区，与176个国家和地区建立了经贸关系，缔结国际友好城市45对。特别是加快构建了集铁路、公路、航空为一体的现代立体交通网络，截至2022年10月，新疆铁路营业里程达到9091千米，和田至若羌铁路开通运营，世界首个沙漠铁路环线贯通；公路路网总里程达到21.73万千米，所有地州市迈入高速公路时代，所有乡镇、建制村通硬化路；民用机场总数达到25个，数量居全国第一。这条曾以驼队为主要运载工具的古丝绸之路，再次迸发出生机和活力，为丝绸之路经济带沿线国家、地区交流交往提供了便利（图1-12）。

“十四五”时期，“一带一路”建设是实行高水平对外开放的重要内容，是加快构建新发展格局的重要支撑。文化和旅游部《“十四五”“一带一路”文化和旅游发展行动计划》（以下简称《行动计划》）中明确指出，“十四五”时期，文化旅游领域推进共建“一带一路”的优势更加明显，资源更加富集，要深入开展文化和旅游领域更大范围、更宽领域、更深层次的合作，助力共建“一带一路”倡议赢得更广泛的国际认同。《行动计划》规划了“一带一路”文化和旅游交流合作务实推进计划、平台巩固计划、品牌提升计划、艺术精

图 1-12　伊犁果子沟大桥

品创作计划和文旅产业提升计划等 12 个专项计划，构建了“一带一路”旅游全方位发展的新格局。《新疆维吾尔自治区国民经济和社会发展第十四个五年规划和 2035 年远景目标纲要》明确提出，要加强对外文化交流，扶持和建立重点文化旅游基地，加强丝路文化旅游线路建设，支持阿勒泰、塔城、霍尔果斯等地创建边境旅游试验区、跨境旅游合作区，提升旅游国际合作水平。

2　新疆旅游品牌的建设基础

2.1　品牌理论

2.1.1　品牌内涵

（1）品牌定义

和田玉枣、乌苏啤酒、西域春牛奶……这些都是日常生活中人们耳熟能详的新疆本土品牌，区别于大众狭义理解的产品品牌，新疆旅游同样拥有很高的品牌知名度。品牌不仅仅是某一个图案标志，也不是简单的一个品牌名称，而是由多个元素构成的复杂概念。我国国家质量检验检疫总局和国家标准化管理委员会发布的《GB/T29185—2012 品牌价值　术语》中，将品牌定义为“与营销相关的无形资产，包括（但不限于）名称、用语、符号、形象、标志、设计或其组合，用于区分产品、服务和（或）实体，或兼而有之，能够在利益相关方意识中形成独特印象和联想，从而产生经济利益（价值）”（图 2–1）。

对于品牌而言，其识别的功能仅仅是基础——消费者看到品牌名称或者品牌商标能够认识和区分；但更重要的是消费者看到品牌之后所被激发起来的记忆、思绪乃至情感反应，这些才是品牌概念的核心。

图 2-1　国标标志

（2）品牌内涵及其演变

品牌内涵伴随其在经济社会中的作用变化而不断地丰富和完善。品牌需要依附在某种载体之上，通过名称、符号、设计和标语等标识体现出来；同时，品牌也包含了质量、服务、技术创新等功能性要素，以及历史文化、知名度、联想和溢价等象征性要素。综上所述，品牌主要包括载体、品牌标识、功能性要素和象征性要素。

载体是指承载品牌内涵的人、事、物、服务、组织、企业或区域等。例如，天润品牌的载体主要包含品牌的代言人、饮品以及天润企业本身等。

品牌标识是指品牌的名称、标语、符号和外形设计等，可以帮助企业提升辨识度和认知度。品牌标识通过不同的颜色、形状、名称等帮助消费者区分不同品牌，消费者会在脑海中存储品牌的相关记忆，进而影响决策过程。例如，乌苏啤酒的品牌标识除了其标志和外形包装设计样之外，还有“硬核凭实力”的标语。

品牌的功能性要素主要包括两个方面：一方面是企业具有较强的科技研发能力以及提供高质量产品和服务的能力；另一方面是产品和服务本身要具有一定的功能，能满足消费者的需要。例如，华为品牌的功能性要素主要包含华为公司极强的研发和创新能力，能研制高性能、高质量的智能设备，并能提供优质的售后服务。此外，其相关智能产品也能满足用户对功能的需求。

品牌的象征性要素主要包括品牌载体的历史、文化特征以及消费者对于品牌的联想。关于历史、文化特征，例如大疆创新科技有限公司是致力于成为持续推动人类进步的科技公司，这样的公司会让人感知到一种创新、进取的文化。关于消费者的联想，例如消费者想到鸿星尔克可能会想到新疆棉，甚至会激发个人的爱国情怀。不管是消费者所体会到的历史、文化特征，还是消费者对于品牌的各种联想，都是品牌的一部分。

随着经济社会的发展，品牌内涵也在不断地演变，学者们总结出了以下两种演变过程：

① 三阶段演变过程：主要将品牌内涵的演变阶段分为标志性品牌阶段、情感性品牌阶段和资产性品牌阶段。

标志性品牌阶段，即人们对于品牌的认识更多地停留在品牌的外在表现形式，认为品牌只是一种名称或是一些标识等。这一阶段，企业主要利用品牌标识和名称等视觉感官上的差异，区分企业自身品牌与其他品牌。消费者主要通过品牌的名称和标识记忆品牌，但与品牌内涵发生联系和互动较少。

情感性品牌阶段主要侧重于消费者对于品牌的主观认知和体验。在这一阶段，企业不再单单将品牌作为区分产品和服务，以及传递产品和服务功能特色的工具，而更加侧重于消费者的认知和体验。管理者开始有意识地管理品牌在消费者心目中留下的印象，例如讲述产品的传承故事等。因此，这一阶段的重要变化是企业开始注重消费者的心理感受和体验，并且开始管理品牌的形象，以提高消费者的口碑，获得消费者的青睐。

资产性品牌阶段是将品牌视为一种资产的阶段，这个阶段更加强调对于品牌的管理。品牌资产源于两个方面：一方面是品牌本身特性的塑造，即品牌所带来的价格、市场份额以及盈利能力；另一方面是消费者对于产品的想法、感受和行动。因此，这一阶段不仅注重消费者的感受，而且更加重视对于品牌特性的塑造。通过各种方式，例如建立社群或提供给消费者高价值的产品等，让消费者和品牌紧密地联系起来，这样，这些消费者就会成为品牌资产的重要一部分。

② 五阶段演变过程：品牌内涵的演变分为品牌是区隔符号、品牌是价值担保、品牌是联想载体、品牌是关系集合和品牌是无形资产五个阶段，如图 2–2 所示。

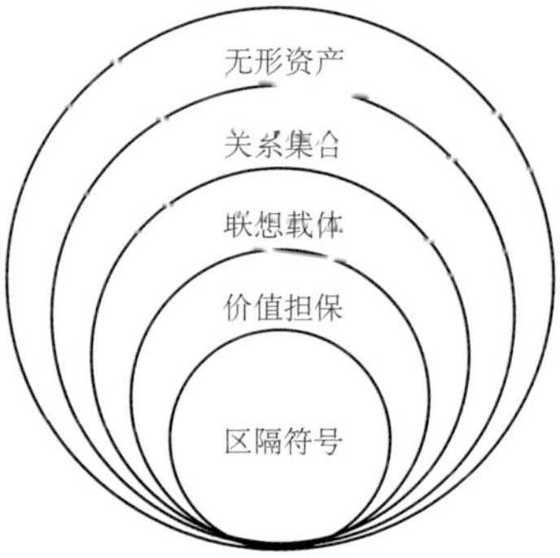

图 2-2　品牌内涵五阶段演变过程

品牌是区隔符号阶段，是指品牌主要作为不同企业的区分标志，这是品牌最原始的含义。这一阶段，企业利用品牌与竞争对手区分开，消费者也通过标识辨别不同的产品和服务。

在品牌是价值担保阶段，消费者更加需要高质量的产品。因此，企业在改善产品的同时，不断地致力于用品牌传达产品的鲜明特色，并向消费者作出价值承诺。例如天润乳业的标语为“天山南北　润康中国”，通过这个标语传递天润乳制品自然营养的特性。

在品牌是联想载体阶段，企业致力于利用品牌调动消费者对产品的记忆、感受或体验，进而产生联想。这些感受和记忆通常包括对产品功能特性的感受，企业的责任感和价值观，甚至是产品所传递的文化等。例如消费者看到“QQ”两个字母，可能会想起腾讯公司的小企鹅形象，甚至想起自己在 QQ 空间的一些美好回忆等。

在品牌是关系集合阶段，即品牌是企业和消费者所共有的，由双方共同创造的。这一阶段品牌和消费者的关系更加密切，消费者除了会对产品有一定的感受之外，还会进一步产生信任和忠诚等。例如小米公司打造了小米社区这一云服务交流平台，所有的用户均可在此平台上分享使用小米产品的心得技巧或者日常的心情状态，小米用户之间的分享与交互，逐渐提升了他们对小米品牌的忠诚度。

在品牌是无形资产阶段，品牌不仅仅是一个符号，更多的是一种其与消费者建立的稳固关系而给企业带来巨大盈利的能力。例如华为公司开发的“华为分享”功能，是华为设备之间无线快速分享照片、视频、文件的一种协议，无须借助数据线、使用流量或者第三方软件，便可快速完成手机、平板电脑与笔记本电脑的协同办公，即所谓的“一碰就传”“多屏协同”。华为公司通过在微软操作系统上植入自己的平台生态系统，与用户建立一种稳固关系；同时，用户会因其使用的便捷性优先考虑华为的其他电子产品（图 2–3）。

图 2-3　互联网相连

（3）品牌价值

品牌价值，是品牌管理要素中最为核心的部分，也是品牌区别于同类竞争品牌的重要标志。“竞争战略之父”迈克尔・波特在其品牌竞争优势中曾提到，品牌的资产主要体现在品牌的核心价值上，或者说品牌核心价值也是品牌精髓所在。

品牌价值评估日渐成为品牌管理和资产评估领域的热门话题，它不但可以量化具体品牌所具有的价值，还可以通过各个品牌价值的比较，从直观上了解名牌企业的状况，从某些侧面揭示出各个品牌所处的市场地位及其变动，揭示出品牌价值的内涵和规律，并且为企业实现以品牌为资本的企业重组扩张创造良好的舆论基础和社会基础。消费者更是通过品牌价值的影响，坚定自己对某些品牌的忠诚。投资者则是通过品牌价值的参考，决定自己的投资方向。

品牌价值评估可以分为两类：第一类是与股东权益相关的价值评估，也就是企业自身产权变动或使用权拓展需要所进行的价值量化，这种评估必须根据评估目的，依据国家颁布的评估标准、方法、个案进行。它是专门为委托的企业服务的，提供的是企业交易底价参考。第二类是发布于社会、服务于社会的研究性质的评估，也就是用于品牌价值比较所进行的价值量化。这种评估，必须是选择同一标准、方法、基准日，进行统一的群体评估。它不是为某个特定的企业服务的，是给社会各界提供咨询参考的。前者强调交易性，后者强调可比性。前者评估的商标数量再多，也不具备可比性。前者评估受交易或评估目的、待成交规模、交易双方接受程度的限制，而后者不受任何外部主观因素的影响，完全依据体系标准下所采用的客观指标进行内在价值的估算。

2.1.2 品牌分类

（1）品牌主体分类

根据我国品牌分类标准《GB/T 36680—2018》，按品牌主体可以将品牌分为企业品牌、产品品牌、区域品牌和其他品牌（图 2–4）。

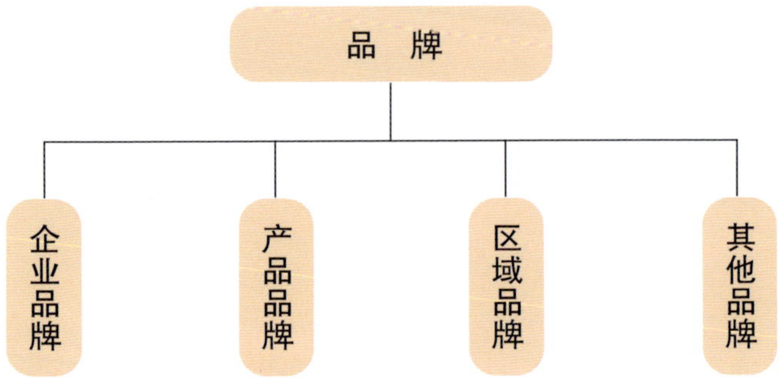

图 2-4 品牌主体分类

企业品牌是针对企业，专门分辨企业的名称、用语、符号、形象、标识、设计或其组合为主要载体的品牌。企业品牌，作为一种独立的资源和资本，是能够进行运营的知识产权，并作为一种无形资产给企业带来财富和利润。

产品品牌是针对产品，专门分辨产品的名称、用语、符号、形象、标识、设计或其组合为主要载体的品牌。例如比亚迪汽车，拥有王朝系列（汉、唐、秦、宋、元）和海洋系列（海豹、驱逐舰 05、海豚），从高端旗舰、中端主流到入门亲民，每一个产品品牌都有自己独特的名称和标识设计，共同构成了比亚迪汽车系列产品。

区域品牌是针对特定区域，适用于某个区域范围内形成的具有相当规模和较强生产能力、较高市场占有率和影响力的产品（服务），或区域本身（城镇或城市）。例如，就其影响力范围来看，新疆西域春牛奶属于区域品牌；而就区域本身来看，井冈山、西柏坡则是旅游区域品牌。

其他品牌分类是指非营利品牌等上述未涉及的品牌类型。在已有的研究中，非营利品牌也可以划分到组织品牌的分类中，许多非营利性的组织倾力打造组织品牌，去获取社会各界的支持，例如中国红十字会、中国妇女发展基金会、中国青年志愿者协会等。

（2）品牌行业分类

根据我国品牌分类标准《GB/T 36680—2018》，品牌按行业分类主要依据门类、大类、小类的顺序进行逐级确定，主要分为 6 个门类、43 个大类、399 个小类，其中，门类主要包括农产品行业、能源冶金化工行业、工业品行业、消费品行业、工程行业和服务行业 6 个（图 2–5）。

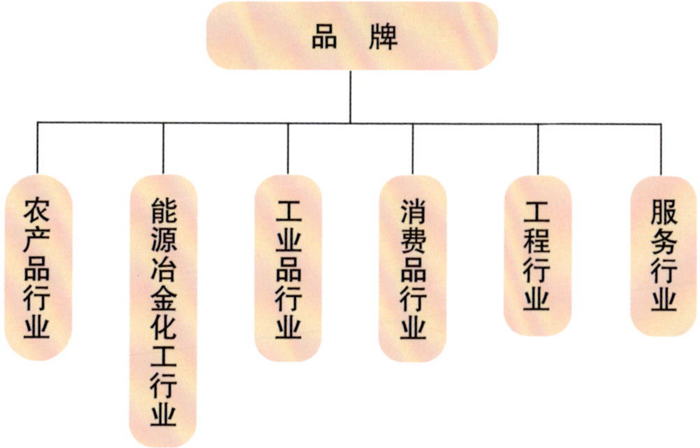

图 2-5　品牌行业分类

农产品是指农、林、牧、渔初级产品及农副食品加工产品，包括农业产品、林业产品等。能源指煤、石油、天然气等非再生能源，以及核能、水能、电能、太阳能、风能等新资源；冶金主要指钢铁和有色金属；化工主要指化学原料以及除日用化学品企业之外的化学制品、化学纤维、橡胶和塑料制品等。工业品是指主要用于工业生产制造活动的工业产品，包括机械设备、工业通信、电子设备、国防和交通运输设备等。消费品是指主要用来满足人们生活需要的产品，包括食品饮料、纺织、服装服饰、皮革制品和鞋产品、家具、木材加工制品、电子产品、汽车和生物医药等。工程门类主要包括工程建筑、建筑材料、水利工程。服务门类主要包括交通运输、公用事业、互联网和信息服务、金融地产、教育、培训、卫生、医疗等。

（3）品牌对象分类

按品牌的对象分类，可以划分为个人品牌、服务品牌、事件品牌、地点品牌和组织品牌（图 2-6）。个人品牌是指以个人作为品牌对象的品牌。最为常见的是公众人物建立的个人品牌，以及企业 CEO 为了消除与公众的隔阂，着力借助个人品牌的传播和宣传去树立公司形象。服务品牌是以服务为重点的品牌，由于服务品牌具有无形性、多变的不稳定特征，因此，服务质量、特色、经营理念和企业文化等特征对服务品牌尤为重要。所谓事件品牌是指以事件为载体的品牌，主要包含体育、展会、节事和演出等。地点品牌是指以地理位置作为对象的品牌。国家、城市和地区都可以塑造积极的品牌形象、宣传独特的地域文化去吸引国内外的公众来旅游、居住或投资。组织品牌是运用在公司或非营利性组织层面上的品牌，其优势是在这一组织下推出的产品会增加消费者对企业所有品牌产品的附着性。

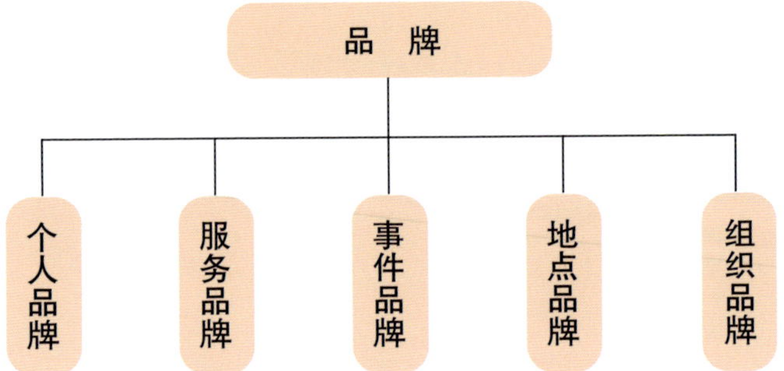

图 2-6 品牌对象分类

（4）品牌影响力分类

按品牌的影响力辐射范围可以把产品分为区域品牌、全国品牌、国际品牌和全球品牌（图 2–7）。区域品牌是指辐射范围较小，主要集中在某省、市、县等。这类品牌多由于一些产品的运输问题，以及消费者的消费习惯等而局限于某一个或某几个地区。全国品牌主要是指影响力辐射到全国范围的品牌。最初的区域品牌经过发展可以升级为全国品牌。国际品牌和全球品牌主要是指影响力扩展到国外的品牌。但是，国际品牌和全球品牌的界限难以界定。一个品牌到底是国际品牌还是全球品牌，一定程度上是由公司战略决定的。

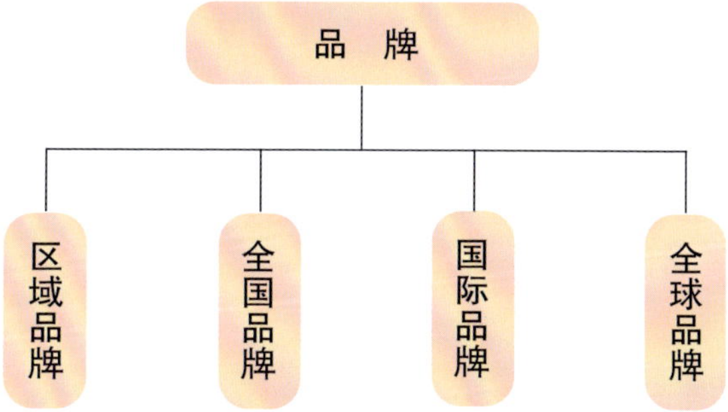

图 2-7　品牌影响力分类

2.1.3　品牌作用

（1）品牌对消费者的作用

首先，是品牌的区分作用。对于消费者来说，品牌的功能之一就是让其可以清晰地辨别产品的来源。不同的品牌带给消费者的感知和体验是不同的，从而使各品牌之间区分开来，正是体现了品牌的区分功能。

其次，是品牌的功能属性。消费者可以通过对品牌质量承诺的感知，形成对品牌的信任和忠诚，从而降低消费者的搜寻成本，节省消费者的购物时间。

最后，是品牌的象征意义。消费者记忆品牌时，不仅会记忆其符号属性，更会记忆其象征意义。成功的品牌通常会让消费者和品牌之间建立一种联系，通过让消费者购买产品从而获得自我认同或社会认同。

（2）品牌对企业的作用

品牌通过在消费者心目中留下深刻印象，形成庞大的品牌资产，帮助企业获得财务回报。在传统的市场竞争中，当消费者形成鲜明的品牌概念后，价格差异就会显得次要。当给不同品牌赋予特殊的个性时，这种情况就更为明显。曾有调查表明，市场领袖品牌的平均利润率为第二品牌的4倍，而在英国更高达6倍。强势品牌的高利润空间，尤其在市场不景气或削价竞争的条件下表现出了重要的作用。事实上，这种优势不仅仅得益于通常人们认为的规模经济，更重要的是来自消费者对该品牌产品价值的认同，也就是对价格差异的认同。

就品牌自身的元素而言，品牌可以让企业具有较高的识别性。品牌是企业塑造形象、知名度和美誉度的基石，可以在产品同质化的今天，为企业和产品赋予个性、文化等许多特殊的意义；同时，品牌作为企业理念传达的载体，也可以使得企业通过品牌向消费者传递承诺，帮助企业获得消费者信任。

品牌可以超越产品的生命周期，是一种无形资产。一般而言，产品都有一个生命周期，会经历从投放市场到被淘汰退出市场的整个过程，包括投入、成长、成熟和衰退四个阶段。一个品牌一旦拥有广大的忠诚顾客，其领导地位就可以经久不变，即使其产品已历经改良和替换。正是由于品牌可以超越生命周期，也就使品牌从开始的依附在产品身上，慢慢地发展到与具体产品相对独立开来，并可使消费者长期积累对它的认同和偏好。

（3）品牌对国家的作用

一方面，品牌是国家竞争力的体现。品牌是一个国家政治、经济、文化实力的集中体现。一个国家竞争力的综合体现，代表着供给结构和需求结构的升级方向；而品牌建设为树立国家整体形象及影响力、政治与外交形象、经济形象、文化与科技形象发挥了重要作用。发挥品牌引领作用，推动供需结构升级，品牌建设已经成为其中不可或缺的重要一环。“十四五”时期是中国“两个一百年”奋斗目标的历史交汇期，也是开启全新征程的时期。党的十八届五中全会提出，不断推进理论创新、制度创新、科技创新、文化创新等各方面创新，让创新贯穿党和国家一切工作。国务院办公厅《关于发挥品牌引领作用推动供需结构升级的意见》（〔2016〕44号）中强调，随着我国经济发展，居民收入快速增加，中等收入群体持续扩大，消费结构不断升级，消费者对产品和服务的消费提出更高的要求，更加注重品质、讲究品牌消费，呈现出个性化、多样化、高端化、体验式消费特点。由此，需要发挥品牌建设引领作用，促进生产要素合理配置，提高供给体系的质量和效率，提升产品品质，增加品种，创建品牌，满足居民消费升级需求。同时，创造新需求，树立自主品牌的消费信心，挖掘消费潜力，发挥需求对经济增长的拉动作用，满足人们更高层次的物质文化需求，实现更加和谐、更加公平、更可持续的发展。

另一方面，打造中国强势品牌是品牌强国的重要目标。结构性和机制性问题是当前中国经济发展面临的重大挑战，发展一批中国强势品牌弘扬民族精神、打造一批世界一流品牌成为中国品牌核心战略之一。在2022年“BrandZ（品牌价值评估平台）最具价值全球品牌100强榜单”中，共有14个中国品牌入围，腾讯和阿里巴巴再次名列全球十强，分别位于第五和第九。该年度上榜的中国品牌还包括茅台、美团、抖音/TikTok、京东、中国工商银行、海尔、华为、平安、快手、中国移动、友邦保险和小米。从行业来看，媒体和娱乐、商业解决方案和科技服务、零售这三个品牌占据份额最大，合计占百强总价值的一半以上。从品牌价值来看，美国品牌贡献了超过四分之三的品牌总价值。从全球品牌价值结构性的变化趋势判断，奢侈品、零售是增速最快的品类，科技、金融和零售品牌是贡献最大、占统治地位的品类，然而，中国品牌在奢侈品品牌里均未出现。因此，打造中国的强势品牌、培育一批国际一流品牌成为“十四五”规划的主要目标，具有重要的品牌战略意义。

2.1.4 构建强势品牌

美国学者凯文·莱恩·凯勒于1993年提出CBBE模型（Customer Based Brand Equity，CBBE），即基于消费者的品牌价值模型（图2-8），为自主品牌建设提供了关键途径。在这个模型中，各个要素的设计力求全面、相互关联和具有可行性。但是，CBBE模型隐含了一个前提，即品牌力存在于消费者对于品牌的知识、感觉和体验，也就是说品牌力是一个品牌随着时间的推移存在于消费者心目中的所有体验的总和。因此，企业进行各项工作的目的就是设法保证消费者对于品牌具有与其产品和服务特质相适应的体验，对于企业营销行为持正面和积极的态度以及对于品牌形象具有正面的评价。

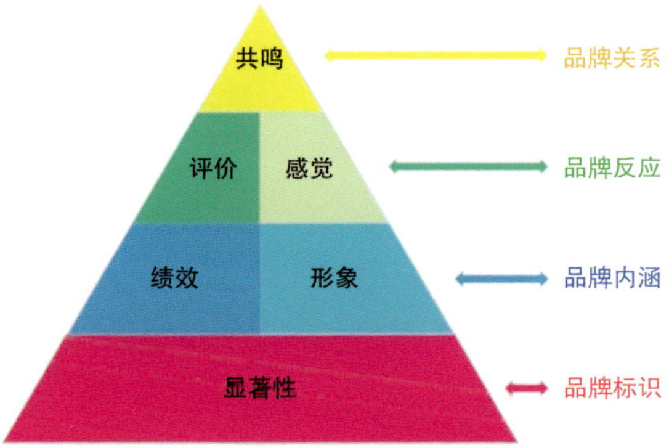

图 2-8　基于消费者的品牌价值模型

按照凯勒的观点，该模型的创建旨在回答如下两个问题：一是哪些要素构成一个强势品牌；二是企业如何构建一个强势品牌。根据 CBBE 模型，构建一个强势品牌需要从以下方面开展工作：

（1）品牌显著性

基于消费者的品牌显著性，建立正确的品牌标识创建。区分品牌显著性的关键维度是品牌深度和品牌宽度：品牌深度指的是品牌被消费者认出的容易程度；品牌宽度则指当消费者想起该品牌时的购买范围和消费状况。一个高度显著的品牌能够使消费者充分购买并在可选择范围内总是想起该品牌。在这个步骤中，企业可以根据其特性进行有效宣传，提高其品牌知晓度，设计体现自身特征、有别于其他品牌的标识体系，并将其贯穿于企业的一切营销活动中。

（2）品牌绩效和品牌形象

在创造独特的品牌内涵方面，关键是创建较高的品牌绩效和良好的品牌形象。品牌内涵的辨识，从功能性的角度，主要指与绩效相关的消费者联想；从抽象的角度，指的是与品牌形象相关的消费者联想。这些联想可直接通过消费者自己的体验而形成，并与通过广告信息或口碑传播获得的信息相联系。

品牌绩效是产品或服务用以满足消费者功能性需求的外在表现，包括品牌内在的产品或者服务特征，以及与产品和服务相关的各项要素。具体而言，品牌绩效的维度包括产品的基础特征和附加特征，产品的可靠性、耐用性和可维修性，服务的效率、效果和服务人员的态度，产品的风格与造型、价格。

品牌内涵的另一个维度是品牌形象，品牌形象与产品或服务的外在资产相联系，包括该品牌满足消费者心理或者社会需求等抽象需求。CBBE 模型中所指的品牌形象又由四个要素构成：消费者特征，购买渠道与使用条件，个性与价值，品牌历史、传统和发展历程。

为了开发强势的受消费者喜爱的品牌，企业可以充分挖掘其产品特征，并将之联系于自主开发、拥有自主知识产权等一切让消费者引以为豪的品牌内涵。同时，将品牌展示于消费者时，激发潜在消费者购买和喜爱本品牌产品。

（3）品牌评价和品牌感觉

引导正确的品牌反应，需要在品牌评价和品牌感觉两个方面进行努力，促进消费者对品牌形成正面评价和正面感受。

品牌评价，指的是企业应集中关注的消费者关于品牌的看法。消费者对于品牌的评判主要包括质量、可信度、购买考虑和优越性四个方面。

品牌感觉，指消费者对于品牌的感性行为，主要包括热情、娱乐、激动、安全、社会认可和自尊等要素。

在这个过程中，企业应针对质量、可信度等关键评价要素和热情、社会认可、自尊等关键的感觉要素，让消费者对于品牌以发展的眼光进行评价，营造正面评价的氛围，促进消费者对于品牌的正面感觉。

（4）品牌共鸣

在缔造适当的消费者－品牌关系方面，关键在于创建消费者关于品牌的共鸣。品牌共鸣又可分解为四个维度：

① 行为忠诚度，指的是重复购买的频率与数量。

② 态度属性，指消费者认为该品牌非常特殊，具有唯一性，热衷于喜爱该品牌而不会转换成其他同类品牌的产品。

③ 归属感，指消费者之间通过该品牌而产生联系，形成一定的亚文化群体。

④ 主动介入，指的是消费者除了购买该品牌以外，还积极主动地关心与该品牌相关的信息，访问品牌网站并积极参与相关活动。

自主品牌在其构成要素中有一个独特的优势，即自主品牌能够较好地激发消费者的民族情感，因此，企业在建立基于消费者的自主品牌关系时，应着重于将自主品牌的发展壮大与民族进步、自强联系起来，加强企业与消费者之间的沟通，培育自主品牌忠诚度。

（5）品牌传播

除了 CBBE 模型中的四个步骤之外，品牌传播对品牌力的塑造也起到了至关重要的作用。所谓“品牌传播”，就是企业以品牌的核心价值为原则，在品牌识别的整体框架下，选择广告、销售促进、公共关系和社交媒体等传播方式，将特定品牌推广出去，以建立品牌形象，促进市场销售。

品牌的有效传播，可以使品牌为广大消费者和社会公众所认知，使品牌得以迅速发展。同时，品牌的有效传播，还可以实现品牌与目标市场的有效对接，为品牌及产品进占市场、拓展市场奠定宣传基础。品牌传播是诉求品牌个性的手段，也是形成品牌文化的重要组成部分。

2.2 旅游品牌

2.2.1 旅游品牌概念与内涵

新常态下随着经济结构持续的优化升级，第三产业和消费需求逐渐成为主题，为包含旅游业在内的现代服务业发展创造了重要的基础、环境与成长空间。旅游业在经济发展中扮演重要角色，大力发展旅游业是在新常态下加快产业结构优化升级、加快资源节约型和环境友好型社会建设的重要途径之一。新疆地处亚欧大陆腹地，拥有着“三山夹两盆”的特殊地形，同时，作为丝绸之路经济带上的重要通道、古丝绸之路的必经之地，新疆地域辽阔、旅游资源丰富、多民族、文化多元一体等特征使促新疆旅游业发展迅速，成为我国旅游业发展的重要战略区。

2019 年，新疆开始全面实施旅游兴疆战略。以全域旅游为特色着力优化供给结构、打造新产品、开发新线路和培育新业态，旨在将新疆建设成为丝绸之路经济带旅游集散中心，打造世界重要旅游目的地和旅游品牌。

（1）概念

旅游品牌的出现和发展都是建立在现有品牌相关理论的基础之上，是将旅游的实际特点同品牌相结合起来，旅游品牌价值也是品牌价值在旅游领域的延伸和拓展。伴随着体验经济时代的到来，越来越多的旅游品牌开始关注游客体验，强调给游客带来特别的精神享受，满足游客利益承诺。旅游品牌建立的基础就是旅游地域或旅游资源所具有的独特性，毫无疑问，旅游品牌与其所对应的具体旅游产品或更高一层的旅游产品群具有高度的相关性，从而旅游品牌可以将该项承诺的来源与标准清晰地表述出来。

（2）主体

对于建设旅游品牌来说，旅游的供给要素十分关键。以往文献中指出旅游地规划必须考虑吸引力、服务 / 设施、交通、信息和促销这五个供给面。旅游的供给要素由实物生产、服务、好客性、自由选择和参与性这五个部分共同构成，也可以更进一步扩展为吸引物、娱乐、可达性、组团便利性、活动和辅助服务六个方面。也有文献对供给要素的划分侧重旅游产品，认为旅游的供给包括旅游资源、设施和服务。

（3）内在机理

旅游品牌可以分为旅游企业品牌、旅游目的地品牌、旅游服务品牌与旅游产品品牌四种类型。旅游品牌的作用机制可以理解为通过一定的方法或者途径，将客体的用途和作用传递到主体的一个过程。同时，在此过程中实现客体的价值，主体、客体和媒体共同作用所实现的价值传递则构成了价值体系。旅游品牌可以看作是这个体系中的价值客体，游客是旅游品牌价值形成的主体，价值可以通过对旅游吸引物、旅游相关设施 / 服务等供给要素的感知来实现。作为一个有机的系统，旅游品牌是通过旅游目的地、旅游中介和客源市场三方之间进行互动所产生的。

品牌的载体是产品和服务，通过消费者心理可以对品牌进行度量，而品牌的媒介则主要是品牌广告和品牌形象。同其他产品类型的品牌一样，旅游品牌也是通过名称、标志以及商标表示。对商标而言，必须办结法律规定的注册手续之后，才能获得该商标的专用权。

提升品牌价值对于新疆旅游品牌建设和发展十分重要，而旅游业发展逐步进入形象驱动阶段，旅游地形象逐渐成为影响游客出游的重要因素。新疆作为旅游资源大省，积极的旅游品牌形象树立是开拓国际市场、助推新疆旅游业发展的关键。

2.2.2 旅游企业品牌

（1）旅游企业品牌战略

品牌是提高旅游企业竞争力的重要途径。旅游企业品牌战略，即选择以企业名称与品牌名称并用为主的品牌策略模式。旅游企业占领市场程度和旅游产品差异化的成功程度密切相关。因为旅游产品差异化程度提升也意味着旅游企业制定更高价格的可能性增大，这样就使得排斥新市场竞争者进入的壁垒就越高，那么旅游企业的竞争优势和获利能力也能得到很大提升。拥有强势品牌对于旅游企业来说十分关键，不仅有助于增强消费者对于产品的认知度，也使得企业创造了自身独特的销售优势，有利于企业赢得市场。对于新疆旅游业来说，以质量为基础实施品牌战略是提高国际旅游竞争力的有效方式。在建设旅游品牌的过程中，应该先提升消费者对于旅游品牌的感知质量，再提升消费者对品牌的信任度。感知质量是新疆旅游品牌建设的中心节点，也是核心任务之一。

（2）旅游企业品牌价值

随着市场竞争加剧，越来越多的企业不仅开始关注品牌方面的研究，更是逐渐将其上升至战略高度，强调企业要通过创造新的价值曲线来使自身品牌实现差异化、个性化，并且最终实现提升自身品牌价值的目的。

旅游品牌是产品个性化的体现，也是企业具有不确定性的无形资产之一。品牌作为提高旅游产品附加值的有力工具，能为旅游企业带来可观的经济效益“附加值”。强势的旅游品牌甚至能够提升整个地区的经济利润，助力旅游业的强劲发展。旅游品牌只有具备独特性，才能对游客产生感召力和吸引力。旅游企业拥有知名品牌，有助于增强对市场的感召力，获得较高的市场占有率。这样即使价格稍高于同类产品，游客也乐于接受。

旅游企业品牌建设不仅仅包含建立品牌的过程，这更是一个有效监督控制与旅客之间关系的全方位的管理过程。只有通过品牌定位、设计、传播、延伸和创新等一系列的过程，才能帮助旅游企业确立其在旅客心目中的定位。

2.2.3 旅游目的地品牌

20 世纪 80 年代，国外研究文献开始较多地对在旅游产业发展过程中旅游景点的地位与作用进行阐述。但是从 20 世纪 90 年开始，国外学者逐渐关注和重视旅游目的地品牌，对旅游目的地品牌进行研究，通常是以宏观层面为研究基本视角、以国家或城市为研究单位。国外研究者对于旅游目的地品牌进行的研究主要可以总结为以下几个方面：目的地品牌及品牌化概念、目的地品牌结构、目的地品牌定位和目的地品牌沟通策略。

（1）目的地品牌及品牌化概念

目的地品牌的概念尚未形成统一的概念、统一的界定标准。部分学者将美国市场营销协会对品牌的定义引入旅游目的地品牌界定过程中，即“旅游目的地品牌是由旅游相关的名称、术语、标识、符号或设计，或是组合运用而形成的品牌，所提供的旅游产品和服务以独有的形象与其他品牌相区别”。目的地品牌也被解读为“关于旅游相关的产品、服务、企业或地区，在公众头脑中共同作用并产生一系列独特联想的功能、情感、自我表现等战略性（识别）要素的多维组合”。从游客角度出发，目的地品牌的概念是“游客所形成的目的地特有形象以及游客与这种形象间的联系”，又或者是“旅游目的地品牌是游客对目的地所提供的相关旅游体验及服务的整体感知”和“旅游消费者和众多利益相关者对旅游目的地产生内在印象并不断积累”。这都表明，旅游目的地品牌是在旅游消费者和目的地之间联系的过程中得以建立起来的。旅游消费者对旅游所得的体验和所感知到的服务水平对旅游目的地品牌具有重要的影响，这就使得旅游业必须向消费者提供更高质量的旅游产品、更高价值的旅游服务与旅游体验，以此来塑造特有的品牌形象。新疆旅游目的地品牌如图 2-9~ 图 2-11 所示。

目的地品牌具有明显的名词属性，目的地品牌化则不同，这个短语具有动词的性质。旅游目的地品牌化的目标在于形成区域旅游独特的品牌识别印象与特色，这个过程可以使它与其他的具有竞争关系的品牌相互区别。目的地品牌化概念的界定是通过塑造一种正面、积极的形象，使区域旅游品牌能够通过选择内部协调的要素组合来获得识别，并使其能够区分于其他目的地。品牌名称、相关术语、标识、图片、口号、包装，以及由这些要素所组成的联合体都可以被看作是品牌的要素。

（2）目的地品牌结构

旅游目的地品牌结构的相关研究目前主要是以品牌结构这一概念为基础，并展并运用在目的地营销领域。在本质上，目的地品牌结构是一个可以引领品牌创建、发展和营销的整体蓝图，也是区域旅游管理者能够采用的一种通用工具。目的地品牌结构需要体现构成目的地品牌的全部关键要素，包括品牌个性、品牌感性与理性利益和它们的联想以及品牌定位。有研究通过模型刻画了目的地品牌化的过程，该模型的理论贡献在于缩小了目前有关目的地的形象研究与现在有关营销概念品牌化研究之间的理论间距。同时，对营销组织而言，对其目的地形象和品牌进行创造的过程具有很好的借鉴意义。

图 2-9　喀什古城

图 2-10　吐鲁番葡萄沟

图 2-11　天山天池

（3）目的地品牌定位

目的地品牌定位作为重要的构成要素，属于目的地品牌的核心部分。在20世纪70年代早期，美国著名的营销专家杰克·特罗和艾尔·列斯最早提出品牌定位。从旅游目的地的角度来看，在潜在旅游消费者心目中形成独特且不能被替代的位置是定位的重要目标，从而实现目的地与竞争者之间的不同，并被旅游消费者所感受。

而定位的目的在于与竞争对手区分产品和服务，这也是品牌界定的重要方式。简单来说，找出产品或服务为消费者所提供的利益中最值得目标市场记住的那部分利益就是定位。建立旅游品牌的过程中首要的工作就是应确立能够吸引潜在顾客的品牌的核心价值，品牌的核心价值具有持久的、恰当的和易于表达等特点。旅游消费者对定位明确、具有更强吸引力的景区或景点有更强的偏好。在对旅游目的地品牌进行定位时，必须明确景区未来的发展目标，既要体现出独特性，又要体现出可行性，同时使不同的顾客都能理解也是定位所必须考虑的。研究表明，目的地品牌定位是一个系统性的工程，不仅是旅游产品的定位，而是能够通过定位带动区域经济的发展。旅游目的地品牌定位中需要关注宏观趋势、利益相关者、核心能力和相关竞争者四个方面。

（4）目的地品牌沟通策略

加强地区吸引力的最好方法便是地区品牌化，构建目的地品牌识别是地区品牌化的核心内容。旅游目的地品牌化是一系列支持创新且与品牌建设相关的活动，目的在于支持创作旨在识别并使目的地与其他地域差异化的名称、符号、标识或图案等，一致性地传播与目的地特性相关联的、值得体验的旅游经历预期，加强游客与旅游目的地之间的感情，降低游客景区搜寻成本和感知风险，从而影响游客对景区的选择，并形成特定的品牌形象。

对于品牌沟通策略而言，其合理运用能够对品牌价值、品牌知名度、品牌美誉度的发展提供有力的支持。新疆地区品牌沟通策略：首先，可以选择以目的地旅游资源为依托进行一系列推广等会务活动。品牌在旅游目的地的传播推广活动中越来越重要，这些活动也会对目的地的品牌宣传起到一定的作用。其次，将生活和旅游联系起来，有明确的品牌定位。随着旅游业的快速发展，对于旅游目的地的选择，游客十分关注生活品质改善和消费体验感知。旅游目的地有明确的品牌定位，有助于游客在对诸多旅游目的地进行对比和选取时，在心理、感情和文化等层面上形成对该旅游目的地的深刻认识，进而产生体验和感受该目的地的想法。最后，需要构建一个特有的品牌形象，并能够在该形象中引入特别的文化背景内涵，从而使得消费者对该旅游目的地的认知得到加深和强化，也能够进一步引导旅游消费者有效识别和选择旅游目的地。

2.2.4 旅游服务品牌

（1）旅游服务品牌核心内涵

随着对品牌内涵挖掘和外延扩展，学者们认为服务同样具有品牌效用。需要注意的是，服务品牌与一般产品品牌存在着对象和方式上的不同。就运用对象而言，一般产品品牌的运用对象是商品，而服务品牌的运用对象是整个服务过程；就运用方式而言，一般产品品牌的运用方式是对实体的消费，而服务品牌的运用方式则是对服务水平的消费。服务品牌的内涵可以解读为一种通过提供定制化的服务过程提升顾客满意度的劳务行为标记，也可以理解为需要通过服务流程来满足不同顾客的体验需求，是企业服务文化、服务理念、经营方针政策等的综合体现。旅游品牌的塑造不应该仅仅考虑有形产品品牌塑造，例如城市的名称、标志、旅游资源和旅游设施等，更应该考虑旅游无形产品，即旅游服务品牌的塑造（图 2–12）。

图 2-12 “新疆是个好地方”旅游品牌

品牌或者服务品牌价值产生的根本原因在于品牌或服务品牌对于顾客有价值，其中的关键要素服务质量则来源于消费者全面感知的质量，是由消费者对服务的期望质量和经验质量比较的结果。基于此，服务质量可以分为两个部分：一是与服务产出有关的技术质量，主要关注服务传递的内容，其评价是在经历实际服务之后；二是与服务过程有关的功能质量，主要指服务的传递形式，对它的评价则是在服务传递过程中形成的。

（2）旅游服务品牌国际化

对于新疆旅游品牌来说，在旅游服务品牌塑造过程中，一是要重视对旅游服务品牌包装，包括旅游服务品牌名称、设计等；二是要重视旅游服务品牌定位，即服务功能定位和接纳品牌的潜在游客群体定位；三是旅游服务品牌要符合相关行业标准；四是创造与增加旅游服务品牌资产。随着我国旅游市场的井喷式增长，旅游服务品牌也开始快速发展，同时踏上了国际化发展的道路。对于推进新疆旅游服务品牌国际化，可以借鉴以下五大策略：

① 合作推广策略，即品牌商与具有互补优势的同行业企业或政府机构合作，或者与第三方具有互补优势的企业合作，从而便于扩大销售网络，提升服务质量，进而共同扩大市场份额。

② 海外并购策略，即品牌商通过收购海外同类企业或上下游企业的全部或部分股权，控制或参与海外企业的生产或经营，从而实现企业海外扩张的策略。

③ 产品创新策略，即根据目标市场消费者的特殊需求或潜在需求，发掘提供适合目标市场消费者需要的新产品，以获取目标市场消费者的关注。

④ 赞助策略，是指品牌商通过赞助消费者喜爱的体育竞赛等活动，从而扩大品牌在目标市场的影响力。

⑤ 国际展会推广策略，即品牌商通过参加国际性展会，向海内外客户进行展示，从而吸引海外合作项目，提升品牌知名度。

2.2.5 旅游产品品牌

（1）旅游产品品牌保护

对于旅游产品品牌来说，伴随着旅游热潮的兴起，相应的问题也随之而来。一方面，为了抢夺客源市场，旅游企业之间不排除大量恶性的价格竞争；另一方面，随着卖方市场的形成发展，供大于求的现状日渐显现，但是高端的潜在市场仍处于未开发阶段。

旅游品牌的塑造是一个过程，而当前不少旅游产品没有统一规划或者是开发处于一种无序状态。对于品牌塑造来说，管理者要有品牌保护意识，不能只从品牌的一个方面或者局部出发，要能够做到从整体上去把握品牌。在旅游产品品牌的管理中必须要制定和完善相应的法律法规。例如制定旅馆、宾馆、旅游购物、娱乐场所，以及旅游车船的标准和管理办法；针对其所负的责任、所享受的义务、所允许开发区域、生态保护和利益纠纷等，制定相关的管理办法。同时，重视旅游产品更新速度和质量，避免旅游产品在上市后很快被市场淘汰。

图 2-13 馕

（2）旅游产品品牌引导

目前，不少旅游企业的经营模式仍然较为粗放，对于旅游产品的销售并不能很好地进行客户细分。然而旅客因职业、教育背景、文化层次、消费能力和身体状况等不同，所产生的旅游需求也就不同。在旅游产品品牌的塑造过程中要做到正确引导，明确目标市场并致力于为目标顾客提供专业化、个性化的优质服务，甚至是根据消费者的个性需求提供“一对一”的服务；通过提供具有区域特色、高度专业性的旅游产品进行营销，提高旅游的知名度与市场占比。而对于企业内部联合办理或需要多方面协调办理的事件，应明确其责、团结协作，为游客带来更好的服务体验。新疆的旅游产品如图 2–13、图 2–14 所示。

图 2-14 木器

（3）旅游产品品牌管理

品牌是重要的资产，身处快速变化的旅游市场，旅游产品品牌必须进行品牌维护。对于新疆旅游品牌来说，产品品牌建设对产品的形象塑造和市场影响力具有决定性作用。在产品品牌的管理过程中，可以依托新疆独特而优越的自然与人文环境，提高产品吸引力、亲和力和影响力。同时，在丰富旅游产品种类、提升旅游产品战略水平的基础上有效升级品牌营销项目和传播结构，改善旅游体验环境，提升旅游体验服务，强化旅游互动。通过增强消费者旅游体验感，让游客对旅游产品形成良好品牌形象和记忆点，从而促进新疆旅游产业持续健康发展。

2.3 新疆旅游资源的特色及分类

2.3.1 文化旅游

文化旅游泛指以鉴赏异国异地传统文化、追寻文化名人遗踪或参加当地举办的以各种文化活动为目的而进行的旅行活动。因此，具有民族性、多样性、互动性的文化资源会促使人们产生文化旅游的动机，并最终带动各方面文化和旅游相关产业的发展，具有巨大的社会效益。

新疆具有丰富的文化资源，是我国当下极具发展潜力的文化资源大区。目前，新疆共生活着 56 个民族，是中国民族成分最全的省级行政区之一，主要居住有维吾尔、汉、哈萨克、蒙古、回、柯尔克孜、满、锡伯、塔吉克、达斡尔、乌孜别克、塔塔尔和俄罗斯等民族。除此之外，新疆还具备丰富的非物质文化遗产资源，其在自然地貌和人文因素（古丝绸之路等）的影响下不断发展扩散，具有深厚的历史底蕴。新疆历来是多元文化荟萃之地，综合性的文化旅游资源让游客沉醉其中、流连忘返（图 2–15~ 图 2–18）。

新时代下，新疆于 2018 年提出了“实施旅游兴疆战略”，大力推动文旅融合，不断加大招商引资力度，培育文化旅游龙头企业，提升基础设施建设水平，从而促进文化旅游产业的开发。在旅游项目上，2022 年，新疆推出伊犁河谷休闲生态旅游（图 2–19）、阿尔泰山千里画廊生态旅游、独库公路自驾旅游、喀什民俗文化旅游、阿克苏世界遗产旅游、巴音郭楞蒙古自治州大

图 2-15　伊犁薰衣草农场

图 2-16　克孜尔千佛洞壁画

图 2-17　吐鲁番坎儿井

图 2-18　乌鲁木齐市国际大巴扎

漠生态与特种旅游、塔城边境自驾旅游、东天山自驾旅游环线、天山北坡休闲自驾旅游与和田丝路文化旅游等十大文化旅游项目，并结合自身红色资源和边境口岸资源，大力打造红色旅游景区和爱国主义教育基地。

在品牌建设上，新疆推出了《国之新疆》《史话新疆》《中国新疆之历史印记》等电视节目，出版了《简明新疆地方史》等一系列图书，通过文化工程将自己的文化资源生动地讲述出来。除此之外，新疆大力推动博物馆事业的发展，仅 2022 年自治区博物馆接待能力已达 200 万人次，有力地让文物和历史说话，展现新疆的文化魅力（图 2–20）。新疆的文化旅游产业迅猛发展，逐步做大做强，并最终转化为产业优势，在助推经济发展和讲好中国故事、铸牢中华民族共同体意识的道路上不断前进。

图 2-19　伊犁河谷

图 2-20　新疆维吾尔自治区博物馆

2.3.2 民俗旅游

民俗旅游在学术界并未形成统一的概念界定，但综合各项研究，杨兰等提出：民俗旅游是利用本地区通过历史传承、时间累积留存的一些民间活动，吸引旅客到具有民族特色的地区进行的旅游活动，是采用“民俗 + 旅游”的模式，探索具有民俗资源的地区发展旅游的一种新道路。无论是对产生经济效益、促进产业发展，还是对增强品牌建设、推动文化传播而言，民俗旅游都有着很强的促进作用。

新疆作为丝绸之路经济带的核心区，民族文化灿烂丰富，多种文明交流融汇。在 2015 年“丝绸之路旅游年”之后，新疆实施了把新疆建设成为丝绸之路经济带旅游集散中心、把南疆建设成丝绸之路文化和民俗风情目的地的目标，对民俗旅游资源实施科学规划、深度开发（图 2-21 ~ 图 2-24）。推出以“乌鲁木齐、罗布人村寨、库车、沙漠公路、和田”为代表的六条深度民俗旅游路线，涵盖新疆各个地区，让游客体验各地绚烂多彩的人文风光。

图 2-21　葡萄沟景区维吾尔族舞蹈

图 2-22　察布查尔锡伯自治县西迁文化旅游节

图 2-23　乌鲁木齐丝绸之路冰雪风情节歌舞表演

图 2-24　乌鲁木齐丝绸之路冰雪风情节社火表演

2.3.3 研学旅游

2013 年，国务院办公厅颁布实施的《国民旅游休闲纲要（2013—2020 年）》，首次提出“逐步推行中小学生研学旅行”，从此研学旅游的构想进入大众视野。2014 年，教育部王定华首次定义研学旅游为：“将研究性学习和旅游实践和体验相结合，从而达到一种有组织、有目的、有计划地培养学生的实践教育活动。”吴润昌和曲景慧认为，研学具有三个主要特征：是有目的的影响学生身心的教育活动；以集体为中心；以体验元素为基础，“做中学”。

无论是古丝绸之路的地理奇观和文化底蕴，还是现代红色旅游基地的爱国基因，新疆都可以设计出多样的地理资源和红色资源相结合的路线以提供良好的研学体验。地理资源上，新疆属于我国四大地质遗产分区之一的西北干旱区，其各种地形地貌都有良好的教学价值。红色遗产方面，新疆有各时期红色旅游资源 100 余处，且具有零星聚集、大体分散的特点，便于培养学生的爱国主义情怀，增强学生的学科核心素养（图 2–25~ 图 2–28）。

图 2-25 乌鲁木齐“六馆一心

图 2-26 新疆兵团军垦博物馆

图 2-27 将军纪念馆

图 2-28 新疆美术馆

2021 年，新疆暑期研学旅游同比增长超过 650%，“工业 + 旅游”“农业 + 旅游”“红色 + 旅游”等产业融合发展，令研学旅游的主题大为丰富。新疆正不断推进研学旅游发展规划的实行，评选实践基地，开发主题课程，打造精品线路，使研学旅行成为特色旅游的重要组成部分。

2.3.4 丝绸古道旅游

2014 年 6 月 22 日，“丝绸之路：长安—天山廊道的路网”成功列入《世界遗产名录》。作为我国首个跨国申遗项目，丝绸之路复合型廊道文化遗产内涵深远。古丝绸之路在中国段绵延 4000 多千米，与西北五省均渊源颇深，尤其是甘肃与新疆分别为“龙头”和“龙尾”，是西北五省丝绸古道旅游的“增长极”。当前，对古丝绸之路文化的传承和保护已上升到国家层面，其沿线的自然景观、物产资源、交通条件、经济状况和文化保存均处于理想水平，是旅行的绝佳场所。

2022 年，自治区文化和旅游厅推出了丝绸之路古道——西州道自驾旅游（吐鲁番市、鄯善县）、乌孙古道徒步旅游（阿克苏地区拜城县）、桑株古道徒步旅游（和田地区皮山县）、蒲类道自驾旅游（哈密市、巴里坤县）、车师古道徒步旅游（昌吉回族自治州吉木萨尔县）、弓月道、塔莎古道、银山道、蒲犁道和白水涧古道等 10 条丝绸之路古道旅游线路，并举办自驾游、徒步游出发仪式等附属活动进行配合，让古道作为“四大文化”的交汇地焕发新风采，更加有效地发挥政治价值、历史价值、文化价值和经济价值，成为铸牢中华民族共同体意识的户外教育基地（图 2-29、图 2-30）。

图 2-29　车师古道

2.3.5 乡村旅游

党的十九大报告提出了乡村振兴战略，在此大背景下，乡村旅游作为有效解决“三农”问题的“金钥匙”和实现乡村振兴的重要手段得到了大力的支持和发展。唐瑕苓等（2021）指出，现有的研究普遍证明了乡村旅游是阻止农业衰退和增加农村收入的有效途径，对经济、社会、文化均有正向影响，有助于社会主义新农村的建设和乡村治理水平的提高，对整体产业的发展大有裨益。

在乡村振兴促进乡村旅游业发展的大背景下，新疆积极响应国家号召，推行旅游兴疆战略，在“一带一路”倡议带来的发展契机影响下，已经形成了较为完整的产业架构，并构建了“景区 + 农家”“民俗 + 文化”“农庄 + 游购”等发展模式。同时，在产业建设和线路开发的基础之上，新疆特别注重乡村旅游人才的培养，通过“万人培训计划”扶贫培训班和对口支援培训等方式，不断提升乡村旅游相关人才的综合能力，为旅游业夯实了人才基础。当前，新疆有 4 条线路上榜全国乡村旅游线路，分别是吐鲁番市火洲魅力乡村游、塔莎古道丝路风情之旅、自然风光·红色人文之旅和生态绿洲农业休闲游，共有全国乡村旅游重点村 67 个，并有 6 地入选第一批全国乡村旅游重点镇。在充分利用本土特色的基础上，新疆还引入互联网技术和电子商务，创新乡村旅游营销模式，将乡村生活“推销”出去，更好地拉动了乡村经济增长（图 2–31、图 2–32）。

图 2-30　大海道

图 2-31　塔什库尔干杏花村

图 2-32　木垒月亮地村

2.3.6 冰雪旅游

冰雪旅游属于生态旅游范畴，是以冰雪气候旅游资源为主要的旅游吸引物，以体验冰雪文化内涵的所有旅游活动形式的总称。在北京冬奥会成功申办并举办的契机之下，习近平总书记提出“在三亿人中推广普及冰雪运动”和“推进寒地冰雪经济加快发展”，国内冰雪旅游迎来了发展新热潮，也使这个概念进一步进入大众视野。

新疆地域辽阔，冰雪资源丰富，冰雪体育文化底蕴深厚，各类冰雪运动项目丰富多彩。如刘畅等所述，新疆地理位置优越，阿尔泰山脉处于世界冰雪黄金纬度带，是世界知名粉雪基地，雪期长、雪量大、积雪厚，阳光与风力适宜，体感舒适；阿勒泰地区为人类滑雪起源地，在冰雪文化上历史悠久；产业基础上也处于先进地位，滑冰和滑雪场地设施全国一流，且已建成一批高质量的国家级旅游度假区,其得天独厚的优势令新疆的冰雪旅游蒸蒸日上，并具有巨大的开发潜力（图 2-33）。

图 2-33　阿勒泰“人类滑雪起源地”

2022 年 8 月 25 日，新疆维吾尔自治区印发《关于进一步破解瓶颈制约推动自治区冰雪运动和冰雪旅游高质量发展行动方案（2022—2025 年）》，确立未来三年的发展目标为：冰雪场馆设施提质增量，冰雪运动普及程度大幅提高，冰雪旅游快速发展，冰雪产业体系逐步健全。在各界的不断努力之下，新疆正在加强冰雪设施建设与产品供给，强化冰雪文化引领，丰富冰雪产品和业态，争取跳出以夏季旅游为主的模式瓶颈，从“一季旺”到“四季旺”，最终形成以冰雪运动、冰雪旅游为核心的全产业链（图 2–34）。

图 2-34　新疆的滑雪场

2.3.7　康养旅游

2016 年，国家旅游局在其发布的《国家康养旅游示范基地标准》中指出，康养旅游是指通过养颜健体、营养膳食、修身养性、关爱环境等各种手段使人在身体、心智和精神上都达到自然和谐的优良状态的各种旅游活动的总和。康养旅游注重设施和服务对身心健康的重要性，研究上注重产品开发及康复、保健、医疗、养生等康养功能价值的实现，并明确环境资产、自然资源和旅游设施等是发展康养旅游的关键性因素。尽管康养旅游在国内起步较晚，但在《“健康中国 2030”规划纲要》的指导和现代生活亚健康压力导致人们健康意识不断提升的影响下，近年来发展迅速，经济效益不断提升。当前，尽管我国东部区康养旅游竞争力最强，但西部省域资源竞争力明显，仍有很大的发展潜力。新疆的康养旅游资源呈“条带状”空间分布，总体呈分散分布，并且在北疆更为集中。尽管受限于空间较大的不便利性，但仍可以通过南北疆优势互补，推行沿交通线精品线路的方式进行改善。2016 年以来，新疆选取了乌鲁木齐县、奇台县、尼勒克县、特克斯县和昌吉市 5 个试点县市，积极打造康养精品示范区和服务区，并积极推动“康养 + 医疗”“康养 + 旅游”等康养产业融合发展，整体产业振翅欲飞，为未来旅游业发展提供新的增长点（图 2–35、图 2–36）。

图 2-35　养心的家——天山木垒

图 2-36　和静县温泉

2.3.8 自驾旅游

“自驾车旅游”一词最早出现于美国，起初人们将周末开车出去旅游称作 Sunday Drive，后来“周末驾车游”演变成了“自驾车旅游”Drive Travel。“自驾车”的字面含义为：所驾驶车辆为“自己”的车辆，包括汽车（主要有轿车、越野车、房车）、摩托车和自行车等，以私有为主，也可以采用借用、租赁及其他方式；驾车的目的具有多样性和随意性，最终决定权在于车主或出行团队。自驾游相对旅游属于大范畴内的专项市场研究，以微观思想为指导并准确反映出其特点。有学者以我国的自驾车旅游为主要研究对象并对其定义：自驾车旅游是指游客以私有或租借汽车为主要交通工具，以休闲体验为主要目的，以自发组织为主体的前往目的地旅行的连续过程及由此引发的各种现象与关系的总和。自驾车旅游因其自由、灵活和舒适的特点，日益被众多游客接受，成为近十年来发展迅猛的旅游形式之一。据一项研究调查显示，近九成的受访者有自驾出游的意愿，近八成的受访者有自驾出游的经历，这些具有自驾出游经验的游客往往会在一年内多次出游（图 2–37、图 2–38）。

图 2-37　自驾车旅游

图 2-38　中国最美公路——独库公路

新疆景点分散，车程较长，沿途的壮丽风景是吸引游客前往新疆旅游的一大因素，自驾游使得游客在景点之间随走随停，把控自如，因而这种模式尤其适合新疆。中国旅游车船协会自驾游与露营房车分会首席顾问赵湘杰直言：“新疆有这么好的资源，至少能作出 100 条精品自驾游线路！”截至 2022 年，新疆公路路网总里程达 21.73 万千米，其中高速公路通车里程达到 7500 千米，乌鲁木齐到各地都已实现二级以上高等级公路连接。高速公路内畅外联，国省干线纵横交错，农村公路进村入户，“快进慢游”成为现实。依托密如蛛网的公路网，新疆自驾游线路联网成片，越来越多自驾游线路成为环线，打通了自驾游新疆的“任督二脉”。自驾游也成为新疆最有特色、发展潜力最大的旅游业态之一。

从近几年旅游数据来看，巴尔鲁克景区、赛里木湖景区等，都是“大火”的自驾游线路。2020 年，“大漠传奇·塔克拉玛干大环线”“流浪火星·穿越大海道”“交响丝路·重走丝绸之路”三条线路，入选了当年的中国自驾游十大精品线路。此外，阿克苏地区打造沿 G217 线胡杨游产品，将 G217 线（阿克苏段）的胡杨美景和浓郁的民俗风情相结合，打造出一条特色突出的风景道；塔城地区拓展 G219 线的串联作用，融当地戍边文化、口岸文化、自然风光和边境文化等为一体，让游客体验不同的特色。

“十四五”期间，新疆将积极培育十大特色旅游业态，其中“深度发展自驾旅游”则处在重要地位。将开展自驾游精品景区创建工程，建设一批自驾车自由行的标准化景区；依托精品景区、旅游风景道、自驾游线路，建设一批不同主题的自驾营地；打造精品旅游风景道和自驾游线路，发展交通旅游联动的“廊道经济”；加强自驾服务设施建设，推进旅游风景道沿线公路提级改造等。

2.3.9 智慧旅游

在国务院《关于加快发展旅游业的意见》（国发〔2009〕41 号）精神指引下，旅游业开始寻求以信息技术为纽带的旅游产业体系与服务管理模式重构方式，以实现将旅游业建设成为现代服务业的质的跨越。受智慧城市的理念及其在我国建设与发展中的意义和作用的启发，“智慧旅游”应运而生。从城市角度，“智慧旅游”可视作智慧城市信息网络和产业发展的一个重要子系统，实现

“智慧旅游”的某些功能可借助或共享智慧城市的已有成果。因“智慧旅游”是一项侧重公共管理与服务的市民工程，将“智慧旅游”在城市视角下纳入智慧城市有助于明确建设主体并集约资源。张凌云等学者认为，智慧旅游是基于新一代信息技术（也称“信息通信技术 ICT”），为满足游客个性化需求，提供高品质、高满意度服务，而实现旅游资源及社会资源的共享与有效利用的系统化、集约化的管理变革。从内涵来看，智慧旅游的本质是指包括信息通信技术在内的智能技术在旅游业中的应用，是以提升旅游服务、改善旅游体验、创新旅游管理和优化旅游资源利用为目标，增强旅游企业竞争力、提高旅游行业管理水平、扩大行业规模的现代化工程。

为便利游客，新疆各地州开发了一些高度智能化、深度人性化和互动角色化的智慧旅游新路径和数字化文旅平台，深度筛选、整合与开发全疆旅游资源和信息，宣扬新疆人文之美，引领了新疆文化和旅游消费的新升级。首先，新疆旅游公司和科技公司联合打造疆内智慧旅游平台，其中，新疆智慧旅游一期项目“游新疆”，自 2020 年 4 月底启动以来，共包含了 501 家 A 级旅游景区，有 460 家已实现线上预约。除了预约功能，“游新疆”平台还包括全疆 5A 级景区慢直播、景点语音导游和景区手绘地图等内容，更新 3 万多条新疆文化旅游的动态信息。智慧旅游平台利用公众号、小程序、AI 和人脸识别等工具，将全疆文旅服务业数字化，满足了游客无接触游览的需求，全面提升了服务体验。例如，“畅游伊犁”小程序集中了伊犁本土特色文化资源和旅游资源，打造了适应手机、电脑、平板等多终端展示的文旅“在线超市”。新疆维吾尔自治区文化和旅游厅官方公众号如图 2-39 所示。

图 2-39　智慧旅游示例

其次，智慧文旅平台成为宣传多民族特色民俗文化的“踏板”。例如位于新疆阿勒泰地区的塔拉特村依托现有的区位、民俗风情、农牧业资源等优势，着力构建智慧旅游建设，做到了景区的“限量、预约、错峰”。一批智慧文旅平台正在努力构建包含各地州的特色民俗村落，以期释放农村潜在的经济效益，带动全疆乡村经济、生态、文化和旅游协同发展，致力于实现数字时代的新型乡村振兴。借助于数字技术的应用与发展，新疆文旅融合数字化转型已初见成效：新疆数字文旅平台得到不断完善，数字文旅产品和服务的供给不断增多，文旅消费模式也逐渐向“文旅＋科技”转型。可以预见，随着文旅产业的数字化转型，新疆文旅产业将在更广范围、更深层次、更高水平上实现深度融合，从而带动新疆文旅产业发展模式的变革和新业态的发展。

2.4　旅游品牌生态系统

2.4.1　旅游品牌生态系统构建

（1）品牌生态系统内涵

品牌理论始于品牌标志，先后经历了品牌形象、品牌定位、品牌资产和品牌关系等研究阶段，最后进入品牌生态阶段。品牌生态是品牌理论演化的成果，是国内外学者采用系统论的研究方法对品牌进行深度内涵与外延的研究，其中主要涉及品牌的生命特征要素、利益相关者及环境要素等。

品牌生态系统理论是基于自然生态系统理论，将品牌隐喻成自然生态系统理论的“个体”，并且融合品牌管理理论和商业生态系统等理论基础而发展起来的新理论。从品牌生态系统理论出发，品牌作为一个“个体”存在于对应的生态环境的众多生态因子之中，主要包括品牌与生态环境中的竞争产品形成的竞争系统，品牌自身与利益相关者为寻求互利共赢而不断演变发展的自组织特征和互补特征等内容，同时具有一定的生命周期性。对于品牌生态系统，国外有学者从价值和竞争角度进行探讨，国内研究多数是从商业生态系统的视角展开讨论。总的来说，品牌生态系统相关的研究有利于创造能力、协同进化能力和价值聚合能力的优化。

（2）旅游品牌生态系统环境要素

随着旅游业的快速发展，旅游品牌的建设和旅游品牌生态系统的构建也愈加重要。旅游品牌生态系统是指旅游企业品牌内外环境因素之间相互影响和相互作用，从而构成的具有稳定结构并能够表现特定功能的有机体，是指主要以资源为基础，同时受外部环境影响的复杂的动态适应系统。其系统环境涵盖品牌资源所在的整体环境区域，主要包含政治、经济、文化、社会和生态等方面。品牌的建设发展离不开外在环境的支持。除了在旅游品牌自身的产品、服务、市场营销活动和创新等方面要发力，还要拥有可靠的外在支撑保障体系。品牌保障体系是品牌竞争力的必需资源。

（3）新疆旅游品牌生态系统构建要素和原则

构建品牌生态系统的目的在于可以梳理品牌与利益相关者的关系，不仅有助于企业制定适合的品牌竞争战略，也有助于政府等相关部门了解品牌的发展竞争状况，为制定竞争规则和建立市场秩序提供科学依据。

品牌生态系统构建，包括品牌成分以及影响品牌成长的各种环境因素构成的非品牌成分两大部分。首先，旅游品牌个体是品牌生态系统中最基本的单元，任何单独的品牌个体都不能脱离所在的生态系统而独立存在；其次，在特定的时间和空间内同类品牌集合就构成品牌种群，品牌种群与自然环境相互作用从而形成一个有着特定结构的品牌群落，品牌生态环境可以概括为品牌体系之外的影响各品牌种群与品牌群落生存与发展的一切事物的综合。

对于旅游品牌生态系统的构建，要注意以下几点：

① 注重利益相关者的诉求：品牌生态系统的可持续发展要求兼顾各个利益相关者。若是片面强调单一要素或忽视其他要素，容易造成品牌生态系统的破裂。

② 维持品牌生态系统的动态性和开放性：将品牌放置于一个生态系统中，品牌发展演化就需要自身与外部环境进行动态交互，例如物质循环、信息传递等，从而实现共生与平衡；同时，还要兼顾生态系统的开放性，能够持续获取可利用的资源。

③ 健全品牌生态系统环境：随着新疆旅游品牌生态系统结构关系的复杂化，政府和相关各企业都要重视游客和旅游品牌相关利益者群体的利益满足；同时，政府和行业协会要充分发挥对旅游品牌发展的支持、保护作用，确保最大化释放生态系统的功能，从而带动整个区域的发展。

新疆旅游品牌想要在竞争中获取优势，就需要建立起政府引导、市场联动、部门合作和社会参与的可持续发展品牌运作机制。经济、政治、社会、文化和科技创新等环境要素对于旅游生态系统发挥着重要影响。通过治理使各主体之间不断地进行信息交互，构建互动、双向的信息循环，最终形成稳定的生态系统。

2.4.2 旅游品牌生态系统治理

（1）旅游政府生态化治理

① 引导机制：政府应完善政策体系，制定适度降低税收、财政补贴、直接投资、资金和技术扶持等优惠政策。政府应加快建设智慧旅游景区，完善旅游信息基础设施，加大线上旅游营销力度，加强旅游监管服务，提升旅游治理能力，保障旅游数据安全。2022 年乌鲁木齐发布《乌鲁木齐市深化“互联网 + 旅游” 推动旅游业高质量发展的实施方案》，提出创新旅游公共服务模式，做好市场及文旅企业的关系，做好统筹协调服务；以数据为核心，创新智能化旅游公共服务模式。加强宣传推广和对外交流合作力度，提高对外传播能力，多层次、全方位、立体式讲好乌鲁木齐故事；结合“春赏花”“夏纳凉”“秋采摘”“冬嬉雪”精品线路推介活动，拓宽旅游产品网络销售渠道；鼓励采用“旅游 + 地理标志产品 + 互联网 + 现代物流”营销模式，扩大线上销售规模，促进旅游消费增长。

② 监督机制：政府应利用信息化手段加强对旅游景区的监管，健全旅游监管服务平台体系，采用线上线下结合旅游执法模式，形成旅游市场信息化、智能化监管服务格局：加强“互联网 + 监管”，建立线上应急处置机制、动态高峰预警机制，完善网络信用评价体系。新疆自 2017 年起借助“全国旅游监管服务平台”，积极搭建新疆旅游监管服务平台。该平台主要包括导游管理（即原全国导游公共服务监管平台）、投诉管理（即原全国旅游投诉举报管理系统）、旅行社资质管理、团队管理、电子合同管理、执法管理、案件管理和权限管理等功能模块，能有效简化旅行社在工商系统的申报程序，方便游客选择旅行社和导游，方便旅游监管部门实现对旅行社的管理，引领旅游业由粗放型向集约型转变。

③ 统筹协调：确定区域智慧旅游战略规划，统筹区域内旅游景区、旅游景点的开发和建设。通过智慧旅游平台的信息交流与反馈，协调区域整体利益与各个利益主体的关系。新疆加大云旅游、云演艺、云娱乐、云直播和云展览等新业态发展；鼓励职业院校围绕产业合理开设“互联网 + 旅游”类相关专业课程；推动数字乡村建设；做好“旅游 + 气象”品牌体系建设，加强旅游气象灾害风险防范工作，为游客提供及时、准确、贴心的旅游气象指导服务。

（2）旅游供应商生态化治理

① 信息共享机制：信息共享的实质就是要打破信息在供应商中逐级传递的模式，旅游平台可以使多个独立供应商、客户，甚至竞争对手通过信息技术组成临时网络组织，整合旅游景点、餐饮、住宿、休闲购物、娱乐和交通等资源。通过旅游平台，实现信息交互的双向性与实时性，解决供应商之间信息不对称的问题，提高信息沟通的充分性和准确性。同时，通过制定相关契约，强化信息的安全性防范措施。2022 年 6 月 27 日，“游新疆”智慧旅游服务平台升级并上线。如今，该平台已完成全疆 3.4 万余条涉旅信息的收集和录入工作，涵盖了景区、酒店、民宿和旅游攻略等内容，已覆盖全疆 96.3% 的 3A 级及以上旅游景区。后期，平台还将进一步聚合全疆优质文旅资源，立足平台，展现新疆，联合打造周边游、体验游、环线游和季节游等主题活动，全面提升新疆旅游管理、营销、服务的水平。

② 激励机制：在旅游生态系统中，通过收益共享式契约，能够降低旅游产品和服务的价格，使得消费者对旅游产品的需求大幅增加。建立受众广泛、声誉信息快速传递的商业信誉机制，及时更新产品质量信息和企业声誉情况。同时，惩罚机制的建立能够规范供应商，让他们的关系和利益冲突获得更好的协调。

（3）旅游目的地生态化治理

① 社区参与机制：社区居民是旅游品牌生态系统重要的影响者、参与者，要制定相关的政策、制度激发社区居民的积极性。好客新疆，热情之地，新疆人民的好客在全国都颇有名气，因此应当充分发挥社区居民的积极性。在旅游开发过程中，尽量不影响当地居民的正常生活；同时，建立利益补偿

机制，对利益受损的居民进行补偿，促使当地居民主动参与到旅游发展中，构建“景区 + 社区 + 居民”模式，共享旅游发展红利。

② 利益协调机制：旅游目的地营销组织应充当利益协调者，建立并维护支持交流和协作的技术基础设施，增加利益相关者的合作，利用利益补偿机制对合作中利益受损方进行补偿，并做好数据管理，加强数据处理方面的信任，确保不滥用消费者数据，让游客在新疆玩得放心、游得舒心。

③ 服务创新机制：在旅游生态系统内营造一种竞争合作、协同创新的氛围，促进技术和服务方面的创新，对已有的产品和服务进行改进或者创造新产品和新的服务模式，提高消费者的旅游体验满意度。例如，乌鲁木齐创新旅游公共服务模式，做好市场及文旅企业的关系，做好统筹协调服务，以数据为核心，创新智能化旅游公共服务模式。

（4）旅游消费者生态化治理

① 信息反馈机制：隐私和个人信息保护对消费者至关重要，旅游生态系统应创造数据安全环境，让消费者自愿作出共享选择，让他们拥有控制权。消费者也要学会在信息安全基础上分享数据并从中获得价值。消费者通过使用社交媒体，在线旅游等途径收集、采纳、分享旅游信息，为其在旅游过程中获取实时信息提供方便，提升旅游体验。在旅游生态系统内，消费者会积极搜索信息，并以大量信息为基础，利用智能技术作出有效的旅游决策。新疆维吾尔自治区文化和旅游厅鼓励建立游客回访机制和游客投诉快速处理机制，收集游客意见建议，集中解决游客反映次数较多的问题，并及时跟进、及时解决、及时反馈，树立好“新疆是个好地方”品牌形象。

② 价值共创机制：消费者与利益相关者积极互动，希望更多地参与产品或服务，从而在价值创造中发挥更重要的主观能动作用。在旅游品牌生态系统中，消费者不再是被动的受众，而是作为主动参与者，被视为价值共同创造过程中的关键组成部分。新疆把市场口碑当作旅游业长远发展的生命线，注重游客满意度，进一步完善热线咨询、满意度调查、游客投诉回访制度；同时，加大对工作人员全面培训，不断增强员工的服务意识和能力。

3 新疆独特的旅游资源

3.1 新疆旅游资源总览

新疆地处中国西北，位于亚欧大陆腹地，面积166.49万平方千米，约占全国陆地总面积的六分之一；国内与西藏、青海、甘肃相邻，周边与蒙古国、俄罗斯联邦、哈萨克斯坦共和国、吉尔吉斯斯坦共和国、塔吉克斯坦共和国、阿富汗伊斯兰共和国、巴基斯坦伊斯兰共和国、印度共和国8个国家接壤；陆地边境线长5700多千米，约占全国陆地边境线的四分之一，拥有国家批准对外开放口岸15个、省级口岸12个，具有东进西出、全方位开放的地缘优势。新疆东西横跨22个经度，南北跨越15个纬度，辽阔大地兼容并蓄了世界上屈指可数的若干大山脉、大冰川、大水系、大沙漠、大绿洲、大草原、大森林和大戈壁，旅游资源总量大、类型全、层次高且组合优。

截至2022年末，新疆高速（一级公路）总里程突破10000千米，其中高速公路总里程突破7500千米，全区107个县市区中的94个县市实现通高速（一级）公路，占88%，高速公路内畅外联、国省干线纵横交错、农村公路通村畅乡、进村入户。密如蛛网的公路网，让新疆自驾游线路联网成片，串起了新疆广袤大地上的森林、草原、花海、大漠、戈壁、雪山、峡谷和湖泊等美景。

新疆自然旅游资源丰富、开发潜力巨大。自然景观神奇独特，雪山、戈壁、沙漠、草原等目不暇接，著名的景区有高山湖泊——天山天池（图3–1）、人间仙境——喀纳斯、绿色长廊——吐鲁番葡萄沟、空中草原——那拉提（图3–2）和地质奇观——可可托海等。2013年中国“新疆天山”被列入联合国教科文组织世界自然遗产名录。2018年9月阿勒泰市被授予“中国雪都”国家气候标志。

图 3-1　高山湖泊——天山天池

图 3-2　空中草原——那拉提

新疆自然景观神奇独特，冰峰与火洲共存，瀚海与绿洲为邻，自然风貌粗犷，景观组合独特。境内有海拔 8611 米的世界第二高峰——乔戈里峰，中国最长的冰川——音苏盖提冰川，中国最大的沙漠——塔克拉玛干沙漠，中国最长的内陆河——塔里木河（图 3–3），中国最大的内陆淡水湖——博斯腾湖，中国最大的雅丹地貌群——遍布南北疆荒原上神秘莫测的“龙城”“风城”“魔鬼城”，中国最大的硅化木园区——将军戈壁硅化木群……这都构成了新疆丰富的自然旅游资源。

图 3-3　塔里木河

在古丝绸之路新疆境内 2000 多千米的干线上，留下了数以百计的古城池、古烽燧（图 3-4）、千佛洞、古建筑和古屯田遗址等，这些古遗址沿古丝绸之路成群、成带分布，这里也是世界上古城数量最多、保存最完好的地带，堪称“世界古城博物馆”，构成了世人瞩目的人文旅游资源。目前新疆境内具有历史艺术和科学研究价值的古文化遗址、古墓葬、古建筑、古窟寺（千佛洞）、石刻和现代纪念建筑物 236 处，全国重点文物保护单位 133 个；佛教千佛洞 16 处，比较完整的洞窟 550 多个；另外，文物点有几千处。新疆还有 28 个自然保护区。温泉阿敦乔鲁遗址与墓地、奇台石城子遗址、吉木乃通天洞遗址、尼勒克吉仁台沟口遗址和尉犁克亚克库都克烽燧遗址等入选“全国十大考古新发现”，尉犁克亚克库都克烽燧遗址入选“考古中国”丝绸之路重大成果。

图 3-4　克孜尔尕哈烽燧

新疆北部有阿尔泰山，南部有昆仑山、喀喇昆仑山和阿尔金山。天山，作为新疆的象征，横贯中部，形成南部的塔里木盆地和北部的准噶尔盆地。人们习惯上把天山以南地区叫南疆，天山以北地区叫北疆，把哈密、吐鲁番盆地叫东疆。天山山脉峰峦重叠，呈东西走向，可分为东、中、西三段，总长约 2500 千米，是亚洲高大山系之一。阿尔泰山延伸于中国与蒙古国、哈萨克斯坦、俄罗斯边界，总长近 2000 千米，新疆境内的山段呈西北—东南走向，长 500 余千米，山势较低。昆仑山系是帕米尔高原、喀喇昆仑山、昆仑山和阿尔金山的总称，山势高耸巍峨，平均山脊线海拔超过 5000 米，最高峰乔戈里峰海拔 8611 米，位于中国与巴基斯坦边界上。

新疆三大山脉的积雪、冰川孕育汇集了约 3355 条河流，分布于天山南北的盆地，其中较大的有塔里木河、伊犁河、额尔齐斯河、玛纳斯河、乌伦古河和开都河等 20 多条。新疆有许多自然景观优美的湖泊，总面积约 5500 平方千米，占全疆总面积的 0.3% 以上，其中著名的湖泊有：赛里木湖、喀纳斯湖、天山天池、博斯腾湖、卡拉库里湖、白沙湖等。

新疆境内绵连的雪岭、林立的冰峰，形成了独具特色的大冰川，共计 1.86 万余条，总面积 2.4 万多平方千米，占全国冰川面积的 42%，冰储量 2.58 亿立方米，是新疆的天然“固体水库”。新疆的水资源极为丰富，人均占有量居全国前列，有待于大力开发。

新疆的沙漠面积占全国沙漠面积的三分之二，其中，塔克拉玛干沙漠的面积为 33.76 万平方千米，是我国最大的沙漠，为世界第二大流动沙漠，仅次于阿拉伯半岛上的鲁卜哈利沙漠；准噶尔盆地的古尔班通古特沙漠，面积4.88万平方千米，为我国第二大沙漠。新疆的沙漠中蕴藏着丰富的油气资源和矿产资源。

新疆是我国多民族聚居区，深厚的民俗文化，为旅游增添了艳丽的姿彩。新疆自古还享有“瓜果之乡”“天马之乡”和“歌舞之乡”等美誉。这些共同构成了新疆最迷人的风景。

新疆依托丰富的旅游资源，坚定不移实施旅游兴疆战略，加快构建“一轴、一核、两圈、三廊道、四门户、多节点”发展格局。近年来，新疆旅游业进入了蓬勃发展的“快车道”。从 2016 年到 2019 年，游客接待量平均增速为 34.68%；2019 年突破 2 亿人次；2020 年在疫情常态化防控条件下仍超过 1.58 亿人次；2021 年接待旅游人数 1.91 亿人次；2022 年 1—6 月，全区接待游客 7781.41 万人次，7 月接待量更是增势迅猛，全区 5A 级景区日均接待量突破 11 万人次。深入实施旅游兴疆战略以来，新疆旅游市场持续升温，各地游客“井喷式”增长。2022 年新疆机场建设进入“快车道”，航线网络建设的完善和航线旅游宣传力度的增加，进一步满足了新疆旺季旅游及暑期旅客出行需求，“空中丝绸之路”网络体系正越织越密，为旅游业的发展添砖加瓦（图 3–5）。

图 3-5　乌鲁木齐地窝堡国际机场

3.2 逶迤雪山

山系是沿一定方向延伸、在成因上有联系、有规律分布的若干山脉的总称。同一山系的山脉，属同一大地构造单元和地质时期。例如天山山系，包括北天山山脉、中天山山脉、南天山山脉。山脉是沿一定方向有规律分布的若干相邻山岭的总称。例如北天山山脉，包括阿拉套山、别珍套山、科古琴山、博罗科努山、依连哈比尔尕山、天格尔山、博格达山、巴里坤山和哈尔里克山等。构成山脉主体的山岭为主脉，从主脉延伸出的为支脉。

新疆地域辽阔，山地众多，山与山相连，山系与盆地相间，构成一幅“三山夹两盆”的地貌景观，由北向南依次为阿尔泰山系、天山山系、昆仑山系，三大山系之间为准噶尔盆地和塔里木盆地。丰富的山地资源造就了冰峰险地、壮美山峦、山涧急流，以及极具特色的垂直多变的自然景观带。昆仑山系和天山山系巍然屹立在帕米尔高原上，在这里与兴都库什山交会构成面积约 10 万平方千米的巨大的“山结”，有“世界屋脊”之称，千百年来历经风霜，不露声色地俯首而卧，默默地注视着风云变幻。

阿尔泰山系是亚洲中部大山系之一，位于中国新疆北部和蒙古国西部，西北部延伸到哈萨克斯坦和俄罗斯境内，西北—东南走向，长约 2000 千米，宽 250 ~ 350 千米。山体最早出现于加里东运动期，华力西运动末期形成基本轮廓，此后山体被基本夷为准平原。中国境内的阿尔泰山属中段南坡，位于新疆的最北部，山体长达 500 余千米，海拔 1000 ~ 3000 米，面积为 5.89 万平方千米；主要山脊高度在 3000 米以上，北部的最高峰为友谊峰，海拔 4374 米，是中国境内海拔最低的山谷冰川，也是阿尔泰山最大的冰川（图 3–6）。

图 3-6　友谊峰

以友谊峰冰川为中心的小型冰川分布在中国、哈萨克斯坦、俄罗斯和蒙古国四国交界处，故阿尔泰山有“亚洲阿尔卑斯山”之誉。山区的稀有矿产资源丰富，世界著名的可可托海稀有金属矿有50多种天然矿物，其中锂、钽、铯资源量居全国前列。生物资源十分丰富，蕴藏了许多珍稀物种，西伯利亚泰加林带也分布于此。阿尔泰山南麓的阿勒泰地区有“千里画廊”的美誉，沿线从西向东南方向依次有白沙湖、喀纳斯、可可托海三家国家5A级旅游景区，以及喀纳斯村、禾木村、白哈巴村等特色村落及三道海子等独具特色的景区，沿线还拥有禾木吉克普林国际滑雪度假区、将军山国际滑雪度假区、可可托海国际滑雪度假区和青格里狼山滑雪场等多处山地滑雪场，阿勒泰地区被称为“人类滑雪起源地”。

天山山系，位于亚欧大陆腹地，东起中国新疆哈密星星峡戈壁，西至乌兹别克斯坦的克孜勒库姆沙漠，近东西向延伸，横跨中国、哈萨克斯坦、吉尔吉斯斯坦和乌兹别克斯坦四国。全长2500千米，南北宽250～350千米，平均海拔约4000米，是世界七大山系之一，也是全球唯一由巨大沙漠所夹的大型山脉。天山山系以深居内陆的地理区位、温带大陆性干旱气候、山盆相间的地貌格局、众多的冰川河流、绝妙的自然景色、特殊的生物区系和生态过程等诸多自然特征，成为全球温带干旱区大型山地生态系统的最典型代表。人们习惯将中国新疆境内的天山称之为东天山，将中亚地区的天山称之为西天山。

东天山横亘新疆，西起中国与吉尔吉斯斯坦边界，东至哈密市以东的星星峡戈壁，东西绵延1760千米，占天山山系总长度的三分之二以上；宽250～350千米，面积46.4万平方千米，占新疆总面积的三分之一，是塔里木、准噶尔两盆地的分界；由三列平行的褶皱山脉组成，由北向南依次为北天山、中天山、南天山，山势西高东低，山体宽广。三座主峰为托木尔峰（海拔7443米）、汗腾格里峰（海拔6995米）、博格达峰（海拔5445米）（图3–7）。2013年中国“新疆天山”被列入世界自然遗产名录，博格达峰、托木尔峰、喀拉峻—库尔德宁和巴音布鲁克等被列为世界自然遗产地。托木尔峰冰川还在2009年被《中国国家地理》杂志评为中国最美的冰川之一，是冰川资源分布最集中的区域，产生了约占新疆地表水资源总量49%的水资源。天山山脉内有众多盆地，诸如伊犁盆地、焉耆盆地、吐鲁番盆地、尤尔都斯盆地和拜城盆地等；还有珍稀的生物物种，伊犁保存着全国罕见的原始野果林，科学家普遍认为，伊犁野果林是第三纪古温带阔叶林的残遗群落。

图 3-7　博格达峰

为推进旅游兴疆战略，新疆各地依托特色山地资源开发了喀拉峻、那拉提、巴音布鲁克、天山大峡谷、天山天池、赛里木湖、江布拉克和吐鲁番葡萄沟等一批沿天山分布的国家 5A 级旅游景区。此外，天山托木尔景区、库车天山神秘大峡谷等具有特色的山岳峡谷景区，已经成为远近驰名的旅游景区。

昆仑山系西起帕米尔高原，东至四川西北部，长约 2500 千米，平均海拔 5500 ~ 6000 米，宽 130 ~ 200 千米，西窄东宽，总面积 50 多万平方千米，与塔里木盆地和柴达木盆地间均以深大断裂相隔，以其高峻、挺拔被称为“亚洲脊梁”，是亚洲最干旱的高山区之一。

在中国新疆境内的昆仑山脉长 1500 千米，地跨青海、四川、新疆和西藏四省，西高东低，按地势自西向东分为西昆仑山、中昆仑山和东昆仑山三段。西昆仑山海拔在7000以上的山峰有3座：慕士塔格峰（海拔7509米）（图3–8）、公格尔九别峰（海拔7595米）、公格尔峰（海拔7649米）；海拔6000米以上的山峰有7座。中昆仑山海拔6000米以上的山峰有8座：乌孜塔格峰（海拔6254米）、慕士山（海拔6638米）、琼木孜塔格峰（海拔6920米）等。东昆仑山海拔6000米以上的山峰有4座，其中木孜塔格峰（海拔6973米）为东昆仑山的最高峰；5000米以上的山峰有8座，积雪分布均在5800米以上。昆仑山冰川发育良好，分别占新疆冰川面积和冰储量的67.9%和67.8%。昆仑山脉以产昆仑玉而久负盛名，还有藏羚羊、岩羊、西藏野驴和野牦牛等珍贵的高寒动物。

此外，在新疆境内大山以北、准噶尔盆地西侧，还有位于中国和哈萨克斯坦交界处的塔尔巴哈台山、萨吾尔山、赛米斯台山、加依尔山、玛依力山和巴尔鲁克山等山脉，均为相互并不连续的低山丘陵，海拔两三千米，大致呈东西走向。由于规模相对较小，且都在准噶尔盆地西侧，上述地区被概括称为“准噶尔西部山地”，塔城—额敏谷地绿洲分布其中，还拥有巴尔鲁克

图3-8 慕士塔格峰

山等特色旅游资源。巴尔鲁克风景区是国家4A级旅游景区，塔尔巴哈台山景区和塔城乌沙安集海大峡谷是国家3A级旅游景区，这些景区每年4月底至6月便会山花烂漫，吸引了不少游客。

新疆山地不仅有水源涵养、生态屏障、资源蓄给的功能，还具有特殊的服务功能，冰川、峡谷、森林、草地和湿地等山岳型景观形成丰富多彩的垂直地带性景观，为新疆生态旅游提供了最佳场所。巩留县库尔德宁—恰西、特克斯县琼库什台村—拜城县天堂湖等，都是天山山脉中亟待开发的高品质旅游景区。

3.3 湛蓝湖泊

新疆是中国湖泊面积较大的省（区）之一。大于1平方千米的湖泊有138个，面积大于10平方千米的湖泊约有30个，面积超100平方千米的也有10多个。别看新疆好像遍布戈壁沙漠，其实新疆湖泊的总面积约5500平方千米（不含已经干涸的玛纳斯湖、罗布泊和台特玛湖），占全国湖泊总面积的7.2%，仅次于西藏、青海、江苏，居全国第四位。

新疆地表水资源来源于大气降水。山区是径流形成区，平原盆地则是径流散失区，其分界线一般在山区的河流出山口附近，全疆产流面积70.4万平方千米，占新疆土地总面积42.4%。除少数大河流，如额尔齐斯河、伊犁河有出境水量外，其余河流则经平原灌区后消失于沙漠或尾闾湖中。根据新疆水文总站实测和调查的资料（按出山口河流条数进行统计），新疆共有大小河流3355条、山泉272处。

天山南北的湖泊星罗棋布，因成因类型、湖水成分、海拔高程的各不相同，有断层湖、冰川湖、堰塞湖、风蚀湖和河成湖等，形成了独特而奇妙的风采——有深藏在密林深山之中的圣洁之湖，有雄奇阔大的高山湖泊，有和绿色草原相生相伴的盆地湖泊，有烟波浩渺的平原湖泊，还有沙海中的奇异湖泊。从高山到盆地及平原绿洲，湖泊密布。昆仑山上的许多湖泊，海拔都在4000米以上；和田县境内的阿克萨依湖海拔4963米，有“悬湖”之称；而吐鲁番市的艾丁湖，湖面比海平面低154.31米，湖底最低处达-161米，是中国陆地的最低点。

喀纳斯湖、天山天池、赛里木湖、博斯腾湖、乌伦古湖、艾比湖、艾丁湖、巴里坤湖、卡拉库里湖……每一个湖泊都是新疆的亮色，在烟波浩渺、一碧万顷中展现着新疆在雄浑壮阔之外的温柔灵动、风情万种。

喀纳斯湖坐落在阿尔泰山密林中，是典型的冰碛堰塞湖，系强烈的构造断陷和第四纪冰期，经冰川刨蚀而成的终碛垄堰塞湖，湖面海拔 1374 米，湖面积 45.73 平方千米，最大水深为 188.5 米，平均水深约 120 米，是中国最深的冰碛堰塞湖，被誉为中国最美湖泊之一。喀纳斯景区以山奇、水秀、林幽、草美著称，基本保持了原始生态，是国家 5A 级旅游景区（图 3–9）。

雪峰下的天山天池，古称“瑶池”，位于天山山脉博格达峰脚下的半山腰，属高山冰碛湖，是第四纪冰期形成的高山冰川终碛湖。湖泊呈半月形，长约 3.4 千米，最宽处约 1.5 千米，面积 4.9 平方千米，最大水深 105 米，平均水深 52 米，湖面海拔 1980 米。雪峰辉映，风光如画，2013 年天山天池被列入世界自然遗产名录。天山天池风景区是国家 5A 级旅游景区、国际人与生物圈自然保护区（图 3–10）。

图 3-9　喀纳斯湖

图 3-10　天山天池

大西洋最后一滴眼泪——赛里木湖，位于北天山西段、博乐市西南部。赛里木湖属构造陷落湖，湖面海拔2073米，东西最长29.6千米，最宽25.7千米，面积458平方千米，最大水深90米，是新疆海拔最高、面积最大的高山湖泊，大西洋暖湿气流最后眷顾的地方。赛里木湖风景区是国家5A级旅游景区（图3–11）。

图 3-11　赛里木湖

戈壁沧海——博斯腾湖，位于焉耆盆地南部，为开都河尾闾、孔雀河河源。东西长 55 千米，南北平均宽 25 千米，湖面海拔 1048 米时面积为 1228 平方千米，平均水深为 9 米，最大水深 17 米。博斯腾湖是中国最大内陆淡水湖，博斯腾湖景区（大河口、莲海世界）是国家 5A 级旅游景区。

大漠渔乡——乌伦古湖，位于福海县境内，系乌伦古河尾闾。湖体分两部分：北为布伦托海，为微咸水湖；南为吉力湖，为淡水湖。布伦托海海拔 478.6 米，长 41 千米，平均宽 18.4 千米，实测最大水深 12 米，平均水深 8 米，面积 753 平方千米；吉力湖海拔 482.8 米，长 17.5 千米，平均宽度 9.9 千米，实测最大水深 14.7 米，平均水深 9.9 米，面积 174 平方千米。沟通布伦托海与吉力湖的水道叫库依戈河，为长约 10 千米的沼泽地。乌伦古湖是一个断层湖，也是新疆北部最大的天然渔业基地。乌伦古湖景区是国家 4A 级旅游景区。

沙漠奇迹——白沙湖，是被沙丘环绕的沙漠小湖，长约 2100 米，宽 1300 米，海拔约 650 米，其水域面积为 0.5 平方千米，湖岸周边生长着高大茂密的白桦林和阿尔泰山杨。白沙湖景区是新疆阿勒泰地区千里画廊上的国家 5A 级旅游景区，2018 年 4 月 13 日，白沙湖入围“神奇西北 100 景”。

死而复生的台特玛湖，是中国最大的内陆河塔里木河的尾闾湖，曾经是南疆第二大湖泊。据《新疆日报》2019 年 9 月 3 日报道，干涸 30 多年后，从 2000 年 5 月 14 日起至 2019 年 8 月 16 日，塔里木河流域管理局已连续向塔里木河下游生态输水 20 多次。目前，台特玛湖湿地已成为黄羊、狐狸、白鹭和野鸭等野生动物的乐园，重现烟波浩渺的胜景。

有水就有生机，有水就有风景。新疆的大部分湖泊已经成为旅游景区，在新疆的 17 家国家 5A 级旅游景区中，以湖泊为主的景区就有天山天池、喀纳斯湖、赛里木湖、博斯腾湖和白沙湖。

3.4 丝路古道

古丝绸之路全长约 7000 千米，在中国境内绵延 4000 余千米，其中在新疆区域长 2000 多千米。天山南北，各条丝绸之路间又形成了多条通道，彼此联络沟通，编织成了网格状的丝路古道。在丝绸之路中段，即新疆路段的各条古道上自驾旅行，可以看到那些令人神往的古城、古堡、古烽燧和古驿站等屹立在戈壁、沙漠之中，或古河道旁，或帕米尔高原的崇山峻岭之间，向人们诉说着当年的盛况。

新疆有多条经典的古道自驾游路线：

（1）大海道

大海道是古代敦煌—哈密—吐鲁番最近的一条道路，它的开通和使用始于汉代，唐代以后官用趋于停滞，大海道也逐渐淡出人们的视野，成为停留于历史记忆中的丝路古道（图 3–12）。

穿越大海道，最大的障碍莫过于经过其中的无人区。大海道会使游客深刻地感受到当年往来于丝绸之路上的商贾们的艰辛，以及穿越大海道所带来的骄傲与自豪之情。

图 3-12　大海道

（2）夏塔古道

夏塔古道位于伊犁哈萨克自治州昭苏县境内西南部，古道距离昭苏县城 63 千米，地处海拔 6995 米的汗腾格里峰下，贯通新疆天山南北。从古至今，这条古道是伊犁通往南疆的唯一捷径，也是古代丝绸之路上最为险峻、最具挑战性的一条著名古隘道。

夏塔古道已成为探险家的乐园，由高山、激流、冰川构成的复杂地形，使穿越这条峡谷变得非常危险和刺激，吸引着无数的探险爱好者（图 3–13）。

（3）车师古道

车师古道跨越天山南北，连接吐鲁番和吉木萨尔，是一条有 2000 多年历史的古道，也是西域早期重要的交通干线。自汉唐以来，车师古道是连接丝路中道与北道的捷径，唐代称“他地道”（图 3–14）。

图 3-13　夏塔古道

图 3-14　车师古道

车师古道上蜿蜒的山间小道沿着黛色山体傍河延展，有的路段在崖岩中盘旋，有的路段铺设在花草坡上，也有的路段跨急流、穿密林、过险峡，最窄处不足 2 米，是古丝绸之路最有力的见证之一。沿途的古代城堡遗址、烽燧、墓冢等人文景观、自然景观吸引着众多考古、探险爱好者。

（4）塔莎古道

塔莎古道是古丝绸之路的一部分，又是玄奘法师取经返回长安时经过的、藏在帕米尔高原中的密径。它深入帕米尔高原，集自然景观和人文景观为一体，几乎囊括了帕米尔高原美景的精华，同时兼具雪山、峡谷、村庄、田园等诸多元素。例如塔什库尔干石头城，修建在海拔 4000 米以上的高山上，玄奘法师称此地为“公主堡”。

（5）盘龙古道

盘龙古道全程 600 多个弯道，是超过怒江七十二拐等公路的迂回盘山弯道。途中景色异常美丽壮观，是众多自驾游爱好者的打卡地。走过盘龙古道的游客，都会由衷感叹：“今日走过人生所有的弯路，从此人生尽是坦途！”（图 3-15）。

图 3-15　盘龙古道

（6）乌孙古道

乌孙古道北衔伊犁河谷，南控塔里木绿洲，是贯通天山南北的咽喉要道。这段纵跨天山南北的130千米的风光之路，囊括草原、密林、雪山、冰川和湖泊等各类景观，移步易景，令人叹为观止。

乌孙古道之美，是多元的、丰满的，大气而精致，厚重而细腻，有艰险与挑战，也有令人窒息的风光和诱惑。

新疆的古道展现了历史上各个时期民族间的交往交流交融，是历史遗存的重要人文坐标，是曾经的交通要道，也是历史文化时空交错的通道。古老的通道不会随交通的发达和网络的普及而衰退，因为丝绸之路是人类交流的象征、东西方文明沟通的桥梁，所以它汇聚了永恒的生命力。穿越一条条千年新疆古道，自驾游客在领略美景的同时，更能体验新疆丰富多彩的历史文化。

3.5 浩瀚沙漠

新疆大部分地方气候干旱、降水稀少、蒸发强烈、植被稀疏，因此荒漠广布。荒漠面积为107.12万平方千米，约占新疆总面积的64.3%，为我国荒漠分布最广的区域。

新疆地域辽阔，有三大山系和两大盆地，地质条件复杂，气候变化大，气候的水平和垂直地带性差异明显，荒漠地域分布广、类型多、差异明显。不同类型的荒漠成因和过程不同，地貌条件、植被状况、土壤特性及开发利用也存在差异，景观也不相同。荒漠地区日照充足、热能资源丰富、昼夜温差大、无霜期长，有利于植物营养物质和糖分的积累。

新疆的沙漠主要分布于塔里木盆地和准噶尔盆地的腹地及部分河流下游地区。固定沙漠、半固定沙漠主要分布在绿洲外围，向外逐渐过渡为流动沙漠。塔克拉玛干沙漠（图3–16）植物稀少，以流动沙漠为主；古尔班通古特沙漠植被覆盖度较高，为固定或半固定沙漠。由于新疆位于我国西北内陆地区，夏季风难以到达，气候干旱，降水少，浩瀚的沙漠成为新疆独具特色的景观，越野、探险、徒步等旅游项目日益增多。例如库木塔格沙漠风景区等，都吸引着人们不断来到这里，体验沙漠的魅力（图3–17）。

图 3-16　塔克拉玛干沙漠

图 3-17　冲沙运动

3.6　葱郁绿洲

新疆绿洲面积仅有 14.3 万平方千米。绿洲是干旱区的精华，是广阔无垠的荒漠中一颗颗闪亮的明珠。在新疆这方神奇而美丽的土地，有万物勃发，有生命欢腾，有香甜四溢的瓜果，有春夏秋冬的繁华，这一切都在绿洲之中。

从北向南，阿尔泰山、天山、昆仑山支撑起新疆大地的骨架，准噶尔盆地、塔里木盆地安卧在三山的臂弯之中，形成了“三山夹两盆”。每当夏季来临，万古雪峰上的冰雪消融，雪水汩汩汇成溪、汇成河，从高山流向低谷，如同奔流不息的血液，滋养着新疆大地，年复一年，渐渐生长出片片绿洲。

按形成的地貌划分，绿洲可分成：河谷绿洲，如伊犁绿洲（图 3-18）、托什干绿洲，均是新疆最富饶的绿洲；洪冲积扇扇缘绿洲，如天山南麓的库车绿洲和阿克苏绿洲，天山北麓的呼图壁绿洲、昌吉绿洲和乌苏绿洲；河流下游干三角洲绿洲，如喀什噶尔河下游的巴楚绿洲、伽师绿洲；河流三角洲绿洲，如孔雀河的库尔勒绿洲；大河冲积平原绿洲，如塔里木河中下游平原绿洲、叶尔羌河中下游平原绿洲；滨湖三角洲绿洲，如博斯腾湖西部的焉耆绿洲、乌伦古湖东部的福海绿洲、艾比湖南部的博乐—精河绿洲；山间盆地绿洲，如拜城盆地绿洲、哈密盆地绿洲。

相对比较而言，河谷绿洲、山间盆地绿洲、大河冲积平原绿洲、洪冲积扇扇缘绿洲，自然条件较好，人口密集，农业经济较发达，绿洲发展较稳定。

相对来说，新疆绿洲的分布受到水资源、地貌、气候变迁和人口增减等因素的制约，其分布是有规律的，新疆北部的绿洲面积小于南部的绿洲面积；西部的绿洲大、多、密，东部的绿洲小、少、稀。

新疆的这些绿洲大多分布在三大山脉的山麓、两大盆地的边缘，星星点点，却是生命之舟。北疆的绿洲沿天山北麓呈带状分布，南疆绿洲则多环绕塔里木盆地呈环形分布，还有部分绿洲环绕准噶尔盆地西缘。

图 3-18　伊犁绿洲

准噶尔盆地北部、西部和阿尔泰山南坡绿洲，是主要由额尔齐斯河和乌伦古河孕育出来的绿洲，包含塔城盆地的绿洲。额尔齐斯河为鄂毕河最大的支流，有“银水”之称，绿洲水资源十分丰富，水土开发潜力较大。

西天山绿洲，主要是伊犁河谷绿洲，这一地区拥有新疆境内水量最丰富的河流——伊犁河，从而孕育了生态环境极佳的一块绿洲，是我国西北干旱地区的“湿岛”，素有“西域湿岛”“塞外江南”“苹果之乡”“天马故乡”之美称。该绿洲西部和哈萨克斯坦交界，是古丝绸之路的北道要冲，地域优势十分突出（图 3-19）。

图 3-19　西天山绿洲

准噶尔盆地南部和中天山北麓绿洲，主要是靠玛纳斯河、安集海河、巴音沟河、金沟河、沙湾河、乌鲁木齐河、头屯河、白杨河、阿拉沟河和柴窝堡湖等河流、湖泊孕育出来的绿洲，是新疆人口、城镇、经济最密集的绿洲，也是新疆经济发展水平最高的地区（天山北坡经济带区域），属于新疆“十四五”规划的乌鲁木齐都市圈核心区域。

以上地区地处天山以北，通称北疆，属中温带干旱大区和中温带亚干旱大区。

塔里木盆地北部和天山南麓绿洲，由喀什—叶尔羌河流域绿洲、阿克苏—阿拉尔绿洲、拜城绿洲和库尔勒绿洲等组成。绿洲面积很大，县市众多，人口密集，城镇密布，未来开发潜力巨大。

塔里木盆地南部和昆仑山北麓绿洲，是主要由安迪尔河、尼雅河、克里雅河、策勒河、玉龙喀什河、喀拉喀什河、桑株河和皮山河等大小 30 多条内流河孕育而成的绿洲，历史上曾创造出了灿烂的绿洲文明。

以上地区地处于天山以南，通称南疆，属暖温带干旱大区。

其他区域绿洲，如东天山吐鲁番绿洲、哈密绿洲，由石城子河、榆树沟河、五道沟河、白杨河等河流孕育而成。

荒漠中有了绿洲，人类生存才有依托。绿洲是新疆 2500 多万各族人民生息繁衍的摇篮，是干旱区人类赖以生存的重要基地，同时也是干旱区自然生态系统与人类社会文明相互作用的产物。数千年来新疆的绿洲承载过人类文明交汇融合的辉煌与繁华，也见证了文明过后留下的荒芜与苍凉。冰川雪水灌溉的绿洲生机盎然，正孕育着巨大的生产潜力。

3.7 苍茫戈壁

戈壁，是指覆盖着粗砂、砾石，植物稀少的荒漠地带。新疆的戈壁面积为 29.3 万平方千米，占全疆总面积的 17.6%，位居全国之首。新疆的戈壁主要分布在东部地区、准噶尔盆地和塔里木盆地，著名的有噶顺戈壁、将军戈壁、三大山系山前戈壁。根据砾石的色彩，戈壁可分为白戈壁、黑戈壁、五彩戈壁和玛瑙戈壁等。白戈壁由山体侵蚀搬运形成；黑戈壁以就地剥蚀形成；五彩戈壁中的石块色彩斑斓，经历水的搬运和风沙的打磨抛光而产生温润如玉的效果；玛瑙戈壁分布在新疆准噶尔盆地边缘的乌伦古湖一带，戈壁上点缀着晶莹剔透的玛瑙。

噶顺戈壁又称“八百里瀚海”，位于新疆哈密与甘肃瓜州之间。南湖戈壁，位于鄯善县七克台镇南部，面积约 3420 平方千米。

与戈壁相依相伴的，有一种雄奇地貌——雅丹，是荒漠地区特有的一种侵蚀地貌，由风蚀、水蚀和风水共蚀（以风蚀为主体）三种外营力形成，以风蚀为主体。经年累月的风沙将大小山丘塑造出万千形象，像巨兽，如舰队，似城堡……19 世纪末至 20 世纪初，一些赴罗布泊地区考察的中外学者发现大面积陡峭的生态地貌，并取名“雅丹”，从此被国际地貌学者所认可。雅丹主要分布在新疆塔里木盆地的罗布泊一带和准噶尔盆地、甘肃河西走廊的西部，青海柴达木盆地边缘也有分布。近些年，雅丹成了新疆旅游的热门景点。新疆的雅丹多不胜数，有的名气甚至超过了戈壁本身，有的雅丹群被冠以“魔鬼城”之名，例如位于油城克拉玛依东 110 千米的旷野上，有一座方圆 10 平方千米的乌尔禾风城（图 3-20），是数量多、密度大的岩石雅丹地貌奇观。密集的雅丹群，呈现出大千世界的种种映象，楼台亭榭、车舟飞梭、人类鸟兽等，无所不有，是我国雅丹地貌分布区中最独特、最美丽的一片。乌尔禾世界魔鬼城景区已成为国家 5A 级旅游景区，在《中国国家地理》2005 年组织发起的“选美中国——中国最美的地方大型评选活动”中排名中

图 3-20　乌尔禾世界魔鬼城

图 3-21　吉木萨尔县五彩湾

国最美的三大雅丹第一位。哈密魔鬼城（4A 级旅游景区）、克孜尔魔鬼城（2A 级旅游景区）、福海县境内的海上魔鬼城（3A 级旅游景区）实则是位于吉力湖东岸的戈壁上。此外，还有位于布尔津县境内色彩斑斓的五彩滩雅丹，吉木萨尔县的五彩湾雅丹（4A 级旅游景区）（图 3–21），位于托克逊县克尔碱镇的克尔碱雅丹，位于库车县的新疆库车大峡谷国家地质公园（4A 级旅游景区），已成为游览独库公路南线的打卡景点。

将军戈壁位于奇台县城以北、准噶尔盆地东部边缘，面积约 1000 平方千米，因其地处将军庙的正前方而得名。硅化木、恐龙化石的发现，令将军戈壁声名大振，每年都有大量游客前往新疆奇台硅化木—恐龙国家地质公园（4A级旅游景区）游览，景区附近有一处遍地古生物化石的石钱滩尤为令人称奇。

硅化木群，又名古化石森林、石树，是古乔木的遗骸，号称“树之祖”“木之魂”。新疆奇台硅化木—恐龙国家地质公园位于昌吉回族自治州奇台县境内，地处天山北麓、准噶尔盆地东南缘，面积492平方千米，包括硅化木景区（图3–22）、恐龙沟景区、魔鬼城雅丹景区和石钱滩景区。石树沟是遗存中面积最大的硅化木群。硅化木大部分暴露地面，最长者30余米，粗者直径约2米，树龄距今1.5亿年以上，结构完整，规模巨大。学者们正是依靠这些特殊的“文献”，解读新疆大地从汪洋大海到“三山夹两盆”的沧桑巨变。

天山温宿神秘大峡谷，位于天山西段南麓，距温宿县城北70千米，总面积200平方千米。整个峡谷由红褐色的山体构成，经历了数十万年的风蚀和暴雨、洪水冲刷侵蚀，形成了绝壁高耸、奇峰兀立、形态各异、五彩纷呈的奇特红层峡谷形态。进入景区，犹如进入了一片精美雄浑的自然画廊。天山温宿大峡谷是中国西部最美的丹霞地质奇景、中国最大的岩盐喀斯特地质秘境，堪称新疆“活的地质演变史博物馆”。

罗布泊位于塔里木盆地东南部、塔克拉玛干沙漠的最东缘，面积2400~3000平方千米。罗布泊中醒目的地理坐标有龙城、白龙堆（白龙堆雅丹，位于新疆若羌县北部、罗布泊的东北面，面积1000平方千米，是去楼兰的必经地之一）、三垄沙、楼兰古城、小河墓地和罗布人村寨等，千百年来留下了许多传奇故事，罗布人村寨现已成为国家4A级旅游景区。

戈壁是大自然赋予新疆独特的旅游资源。19世纪掀起“楼兰热”后，中外学者纷纷前往罗布泊腹地探险，100多年来这种热度历久不衰。神秘苍凉的戈壁，对于普通人也有着难以言说的魅力。在全国旅游市场同质化竞争日趋白热化的当下，自驾、露营、观星、赏景、寻宝和仿古，以“戈壁行”为核心的特种旅游将大有可为，必将走出一条特色旅游之路，为旅游兴疆战略助力。

图 3-22　奇台硅化木

3.8　广袤草原

新疆草地面积广阔，资源丰富，是中国三大草原畜牧业基地之一。草原总面积 0.57 亿公顷，占全国草原总面积的 22%；可利用面积 0.48 亿公顷，在全国仅次于西藏和内蒙古。新疆草地主要分布在阿尔泰山南坡、天山山地、塔里木河两岸，以及冲积、洪积扇缘和冲积平原地带，是畜牧业发展的基础，也是维持新疆自然生态环境的重要组成部分，发挥着重要的生态功能。

“无边绿翠凭羊牧，一马飞歌醉天山”天山南北好牧场，伊犁草原、巴里坤草原、巴音布鲁克草原、巩乃斯草原，还有散落在天山南北部的其他草原，到处响彻着悠远的“草原小夜曲”。

空中草原——那拉提草原，位于伊犁哈萨克自治州新源县东部那拉提镇境内，是世界四大草原之一的中亚高山草甸植物区，地处天山腹地、伊犁河谷东端，总面积 400 平方千米，三面环山，巩乃斯河蜿蜒流过，“三面青山列翠屏，腰围玉带河纵横”。那拉提旅游风景区是国家 5A 级旅游景区，那拉提国家湿地公园景区是国家 4A 级旅游景区（图 3–23）。

立体草原——喀拉峻草原，典型的高山五花草甸天然大草原，位于伊犁河谷的特克斯县境内，是西天山向伊犁河谷的过渡地带，距离八卦城 15 千米，由阔克苏大峡谷、西喀拉峻、东喀拉峻、中天山雪峰和天籁之林五大

景区组成，总面积 2848 平方千米。喀拉峻景区是国家 5A 级旅游景区，八卦城景区是国家 4A 级旅游景区。

图 3-23　空中草原——那拉提草原

天山最美绿谷——库尔德宁河谷草原，位于巩留县东南部，距县城 88 千米，是世界上雪岭云杉和中亚野果林的最佳生境和起源地，是“天山最美的绿谷，雪岭云杉的故乡”，被评为中国最美十大森林之首。雪岭云杉是伊犁哈萨克自治州的州树，库尔德宁景区是国家 4A 级旅游景区（图 3–24）。

图 3-24　天山最美绿谷——库尔德宁河谷草原

百里画廊——唐布拉草原，位于尼勒克县东部，有亚洲四大最美丽草原之一的美誉，是伊犁哈萨克自治州最重要的优良牧场之一，全长 160 余千米，S315 线贯穿其间。三百里河谷风光惹人醉，三百里自然景色令人迷。唐布拉景区是国家 4A 级旅游景区。

天马故乡——昭苏大草原，位于昭苏县境内，是中国最著名的四大草原之一，属温带山区半干旱半湿润冷凉气候，冬季漫长寒冷，夏季短暂。优厚的水土光热条件，造就了水草丰茂的昭苏大草原。昭苏大草原孕育出中国天马故乡、中国最美的油菜花观赏地之一等美景。昭苏县湿地公园、夏塔景区、天马旅游文化园都是国家 4A 级旅游景区。

中国最大高山草原——巴音布鲁克草原，是巴音郭楞蒙古自治州和静县境内，天山中段尤尔都斯高位山间盆地中，草地毛面积 156.34 万公顷，可利用面积 138.02 万公顷。盆地中低部平均海拔约 2500 米，四周雪山环抱，面积 23835 平方千米，由大、小尤尔都斯等丘陵草场组成，是新疆著名的高山纯牧业区，也是中国仅次于鄂尔多斯草原的第二大草原，更是中国最大的高山草原。巴音布鲁克景区是国家5A级旅游景区（图3-25）。

图 3-25　高山草原——巴音布鲁克草原

绿色天堂——巩乃斯草原，位于和静县西北部，距和静县城255千米，距离库尔勒市330千米，G217线、G218线贯穿草原。巩乃斯草原是巩乃斯河流域大小草原的统称，属山地草甸草场和森林草甸草场，大部分处于和静县，小部分分布于新源县、巩留县和尼勒克县，全部位于伊犁河上游的巩乃斯河和喀什河流域。受伊犁河谷暖湿气流的影响，巩乃斯草原形成了独特的生态环境单元，这里四季分明，是著名的四大河谷草原之一。草地类型丰富，牧草生长繁茂，是新疆最好的牧场，培育出了全国著名的新疆细毛羊。巩乃斯景区是国家4A级旅游景区。

湖畔牧歌——巴里坤大草原，位于哈密市巴里坤哈萨克自治县和伊吾县境内，地处天山东段的哈尔里克山、巴尔库山与梅欣乌拉山之间。地势南高北低，南部为高山区，中部为山间盆地——巴里坤盆地（洪积－冲积倾斜平原），北部为低山，是新疆三大草原之一，土地肥沃，牧草丰茂。巴里坤大草原培育了著名的巴里坤马。盛夏，巴里坤草原水草丰美，绿草如茵，空气清新，是夏季避暑的好去处。巴里坤湖景区、巴里坤古城景区、巴里坤高家湖景区都是国家 4A 级旅游景区。

新疆风景优美的草原，许多都已成为知名景区。在辽阔的天然草地上，有极为丰富的食用、药用、纤维、芳香、观赏、蜜源植物资源，以及改善环境、固沙保土等野生经济植物资源。这些经济用途广泛的野生植物资源除与人类的生活、健康密切相关外，还在科学、文化教育、旅游事业、改善和保护生态环境中起着很重要的作用。

4 新疆旅游品牌的营销

4.1 融媒体营销

随着科学技术的日益发展，媒介生态环境发生了巨大变化，旅游信息化趋势愈加明显，“传统媒体营销 + 新媒体营销”模式，不仅扩大了营销的覆盖范围，还提高了营销的精准程度。“融媒体”作为一种新型媒体，则是充分利用媒介载体，把广播、电视和报纸等既有共同点，又存在互补性的不同媒体，在人力、内容和宣传等方面进行全面整合。任何一种媒体渠道均有其独特的优势，通过对不同类型的媒体进行全面的比较，例如受众、传播规模、营销成本等，在此基础上确定合适的媒体渠道组合方案。

传统媒体的优势在于其公信力与专业性，以报纸、杂志等为代表的传统纸媒对信息的准确性与可信性作出判断，特别是权威报纸刊物不仅在传播范围上具有优势且可信度高。因此，针对中老年群体以及一些对互联网较为生疏的群体，可优先选择传统媒体的营销渠道，可利用精心制作的旅游指导手册、电视广告、旅游宣传册、旅游宣传片等传统媒体传播渠道将新疆的旅游形象以多种形式传递给目标受众。

新媒体是相对于旧有的报纸、杂志、广播和电视而言的概念，包括基于互联网数据传输技术的网络媒体和以手机、平板等形式存在的移动网络媒体。新媒体具有精准、高效、低成本、良好的互动性和全面覆盖的特点，为打造品牌和口碑提供了新的渠道。按照内容或者投放平台的不同，新媒体营销可划分为微博营销、微信营销、SNS 社区营销、视频营销和直播营销等。综合协调使用多种新媒体营销传播方式，必须保持目标一致，所传递的形象一致，同时通过与游客的互动，增强景区的熟悉度，缩短与游客的距离感。

旅游景区官方网站是品牌宣传的重要渠道，官方网站通常由旅游管理部门直接管理，具有较高的权威性，能够使游客产生较高的信任感。因此，在景区介绍、品牌宣传、景区管理和游客服务等方面官方网站的作用十分重要。新疆的旅游网站在景区介绍与宣传方面应突出新疆整体形象，以及代表性景区的特色、服务、景点介绍、交通路线、宾馆住宿、旅游线路和旅行社等相关信息。在线咨询与游客信息反馈功能的嵌入可增强消费者与目的地之间的互动交流，为游客提供信息咨询的同时帮助旅行社收集游客旅游后的信息反馈，完善旅游网站的客户关系管理功能。

微博在旅游品牌的传播与推广中亦具有重要的作用，在旅游产品介绍、服务介绍、旅游攻略分享等方面表现出独特的优势，通过与粉丝的互动，提升区域旅游品牌的知名度。微博营销的成本较低，而且关注的粉丝通常为景区的忠实游客，有着较强的旅游欲望，在目标受众的选定方面既节约了成本，又降低了人力、设施的投入，加之其互动性强，在一定程度上也弥补了旅行社网站和专业旅游网站的缺陷。同时，微博应当精选开播，注重互动性，以图片、视频和博文的形式传播新疆各旅游景区的动态信息，并可以通过微博平台开设微访谈、微直播等方式与网民即时互动。另外，为了进一步提高微博公共平台的影响，可邀请微博“大 V”（拥有众多粉丝的微博用户）予以关注，对景区进行客观的宣传评价，从而利用名人效应，增加景区的知名度。

微信平台凭借强大的社交功能、较强的关系链、口碑性传播等优势，成为旅游行业比较流行的营销工具。开通微信公众平台并生成专属的“微信公众平台二维码图片”，将平台的二维码图片及微信号印制到宣传单、景区门票、宣传广告页面、网络宣传页面、景区内各展板和喷绘广告等之上，方便游客用手机扫描关注。通过微信公众平台，新疆旅游相关的信息可以被群发到关注者手机上。微信公众平台所提供的群发消息类型包括文本、语音、图片、视频和图文消息，其中使用最多、最常见的是图文消息，图文消息被推送后关注者不需要打开最终页就能通过图片、标题与摘要了解所想要知道的信息。灵活运用微信公众平台的自动回复功能有利于增强用户体验度，可以引导游客实现旅游产品的预订。此外，策划有奖互动游戏，提高用户参与的积极性，再配合微博等其他渠道同步宣传，能够有效增强推广效果。

社交网络服务（Social Network Service）、社交软件（Social Network

Software）、社会性网络服务网站（Social Network Site）均可以简写成SNS，是社会化媒体的主要表现形式。国内比较著名的SNS社区有：人人网、豆瓣网、开心网等，国外覆盖面较广的SNS社区有Facebook、Myspace等。SNS实质是熟识的人由社会关系而组成的网络，在SNS网络中的信息都是通过真实的社会网络传播的，而且用户之间的关系稳定，传递的信息具有较高的可信度。例如，豆瓣网聚集了多个兴趣爱好小组，每个小组内的成员都有相同的爱好，尽管各小组的规模相对有限，但这其中与旅游密切相关的小组可被用作实现旅游目的地营销的一大有效途径。在选择论坛或网络社区进行注册时，可注册多个不同的账号，发布有关新疆的宣传照片、游客的游记散文、逸闻趣事等高质量的原创帖。在帖子发布后要经常顶帖，保持文章人气，确保营销效果。

视频营销传播是一种新媒体网络化的营销传播手段，在宣传方式上比传统广告更为灵活、多样。通过把旅游推广信息及旅游产品巧妙地融入故事中，结合地域文化特色，拍摄精致、优美、令人印象深刻的短视频，然后选择适当的视频平台予以传播。短视频拍摄成本较低，通过精心的设计，能够在短时间内吸引目标受众的注意。因此，新疆可通过选择具有代表性的景区拍摄视频，例如天山天池、北庭故城，从而提高其知名度。

直播营销作为当下最火的一种营销形式，已经使人们的生活发生了天翻地覆的变化。在当今时代背景下，传统的广告宣传、图文宣传所能发挥的作用十分有限，借助直播的形式，网民们即使足不出户也可以直接观看、了解新疆的文化旅游形势，并产生更大的好奇心，由此新疆的特色文化旅游信息就能顺利地传递到全国甚至全世界。新疆在进行直播营销时，应当选择具有特色、有吸引力的景点，防止观众出现视觉疲劳。同时，新疆可以借助知名主播助力新疆旅游产业的营销，请他们作为嘉宾在直播间出镜，与大家分享景点背后的文化背景与旅游感悟，为推动新疆文化旅游发展起到促进作用。虽然进行网络直播的目的在于营销新疆的文化旅游品牌，但其本质上是推动新疆当地经济的顺利发展，文化旅游中非常重要的一个步骤就是销售旅游纪念品。随着直播营销方式的介入，观众也能观察到新疆当地居民的衣食住行等，一旦对新疆的旅游纪念品或者当地居民的食品、服饰等产生兴趣，按照直播的惯例，观众会在评论区询问购买方式等。因此，可以通过直播平台与购物平台的衔接，充分利用流量，推动新疆当地相关产业的发展，实现双丰收。

随着信息技术的快速发展，新兴的营销手段及品牌传播渠道（图 4–1）层出不穷，在成本、影响力等方面与传统营销都有明显的差异。充分利用各种新型媒体进行旅游品牌的推广，是新疆旅游品牌建设的重要方式，而且全媒体的整合营销将是未来的必然趋势。

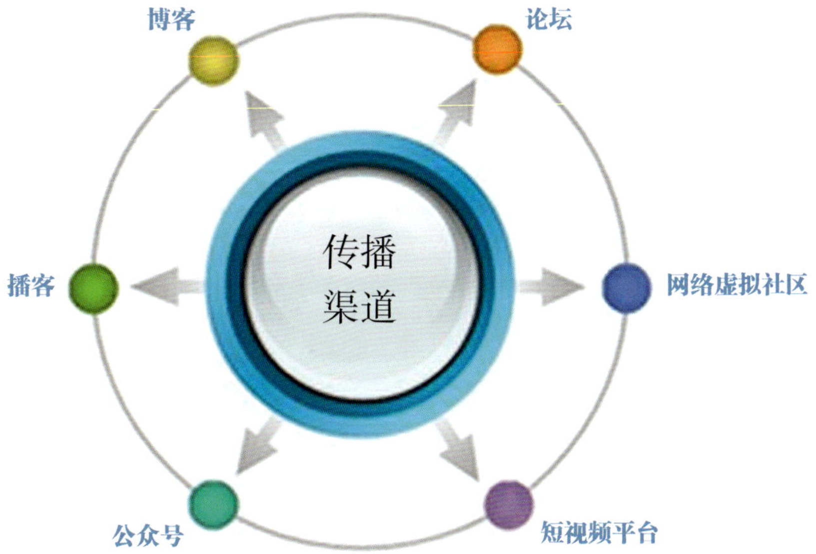

图 4-1　新兴的营销手段及品牌传播渠道

4.2　整合营销

旅游企业、旅游目的地，以及所形成的复杂的综合价值网是旅游品牌整合营销的基础，游客是品牌整合营销的出发点，同时，必须考虑到其他相关的制约因素，例如旅游企业的数量与质量、旅游目的地的品牌形象、游客的偏好、自然环境和交通等。在此基础上，制定旅游目的地品牌发展目标与战略，通过对旅游目的地的旅游相关企业、内部和外部资源的深度整合与调配，来实现既定目标的营销战略与方式，并且要根据环境的变化及时进行调整。

整合营销既要保证目标的准确性，又要保证策略实施的可行性，通过对旅游资源的合理配置、有效整合，来全面提高旅游产业的发展效率。新疆旅游目的地品牌整合营销策略的实施，首先，要实现的是企业的整合，所谓企业整合，就是以区域旅游品牌规划为统一的指导思想，制定目标一致的旅游发展战略，在行为上保持一致；其次，要充分利用区域内资源的特性，结合旅游企业的实际情况，使旅游企业资源的应用全部朝统一的目标努力，让旅游资源的配置更加系统全面、有效，从而使营销过程产生整体协同效应；最后，要全面协调旅游企业及其利益相关者（包括政府、旅游行业协会等）的关系，尤其是相关产业利益相关者的关系。旅游产业的带动作用，主要通过其相关的其他产业的协同发展来体现，旅游企业作为旅游产业发展的主力军，相关的其他行业作为辅助对象，在促进旅游业发展的同时，自身也得到发展。所以，整合营销实施的过程中必须协调旅游企业之间，以及旅游企业与其他行业相关企业的关系，实现企业资源的合理调配（图 4–2）。

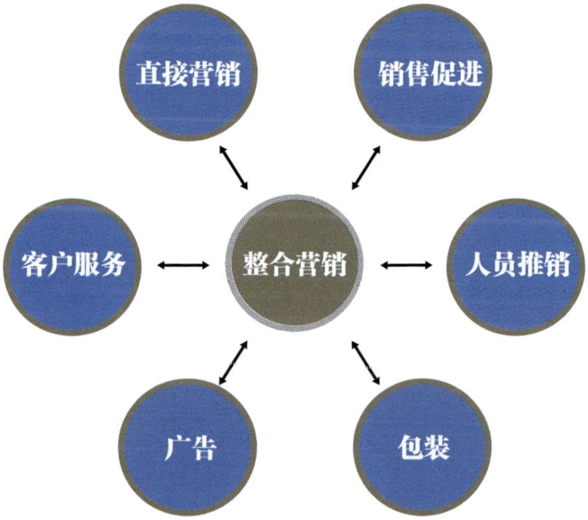

图 4-2　整合营销框架

新的市场环境和大数据、网络信息广泛传播的背景对新疆旅游营销传播提出了全新的要求，单纯依靠传统的广告营销，已不能满足新疆旅游品牌宣传与推广的需求。因此，必须运用多种渠道整合的营销策略，实现彼此间的互补。

在整合营销传播实施的过程中，向游客传递怎样的品牌信息以及如何传递非常重要。旅游品牌整合营销传播认为，现有或潜在游客与旅游产品或服务之间发生的一切有关品牌或景区的接触，都可能成为品牌信息传递的有效渠道，旅游品牌整合营销传播是通过多种渠道的运用来实现旅游品牌在现有或潜在的游客间的传播，并产生影响的营销形式。开展的目的仍在于提高景区的品牌价值以及满足游客旅游需求的能力。

旅游整合营销传播的原则主要体现在两个方面：由外向内的观念（即旅游观念）和关系的建立，具体指明确旅游观念的传播与关系建立的对象，以及相应的要求，在此基础上建立信息档案，从内部来确定具体的旅游整合营销战略。关系的建立是指旅游企业从简单交易行为转向关系营销，即在企业与游客，以及其他利益相关者之间，建立、保持并巩固一种长久的、互惠的关系，进而实现信息与价值在不同关系主体间的流动。因此，新疆旅游企业必须重视与利益相关者的关系的建立与维护，实施有效的旅游关系管理。

4.3　节事营销

节事是节庆和事件活动的总称，通过整合节事营销传播手段，参与节事活动的各方能够从中充分体验，并运用节事管理的各种营销和传播手段，来实现提升节事旅游品牌、产品、组织和理念的感知与认同。

节事旅游应当以新疆地区传统的历史魅力和文化意境为主题，进一步展示深层次的文化内涵和历史底蕴，突出弘扬新疆各民族优秀传统文化，体现鲜明的景区特色，展示区域风尚。在节事活动的计划、组织、编排、宣传和实施上应充分利用文化的招牌，将特有的民俗、艺术文化与商业活动相结合，以“节事”的举办宣传旅游内容。在节事旅游产品开发的过程中，必须充分调动节事举办地居民参与的积极性，使他们从活动中受益。节事活动，一方面要突出新疆本土的历史文化及自然风光，另一方面在设计上又有一定的技巧性。通常节事活动要根据时代的变化，不断改变形式与主题，在时间上一般持续一周左右，时间过短无法发挥节事的带动作用，太长则导致缺乏吸引力。在举办地的选择方面，既要注重新疆地区的整体规划，又要根据不同区域旅游业的发展情况，作出恰当的选择。例如，初期可选取天山天池景区作为首选景区，随着游客对新疆旅游的进一步了解，可拓展到北庭故城，然后再向其他景区进一步扩展，形成以知名景区向其他景区扩展的带动效应。另外，在节事活动的设计上，既要保证活动内容的丰富，又要保证主题的突出。

新疆是多民族聚居地区，别具特色的文化艺术、体育、服饰和饮食习俗都是吸引游客的重要因素，因此，可以举办一些具有新疆特色的节事活动，进一步提升新疆的旅游形象。自然风光亦可作为节事举办的主题，例如，每年的 9 月下旬至 10 月中旬，新疆著名的胡杨景观进入最佳观赏阶段，以胡杨林为主题的摄影观光游、特种游可作为主要的旅游活动（图 4–3）。旅游和摄影相结合的形式，为更好地宣传新疆自然风光、民俗文化提供了良好的机会。

图 4-3　胡杨林

节事活动在前期准备及后期推广时都要充分应用网络平台，通过不同传播媒体渠道的整合，来扩大新疆节事活动的社会影响，实现更全面、更有效的传播（图 4–4）。

另外，通过对节事消费者的接触点进行分析，在不同的接触点选择不同的营销媒体，可以更加精准地推送景区节事活动的相关信息，尤其是与搜索引擎的配合运用。搜索引擎的应用范围广泛、信息准确性与针对性强，而且便于操作。因此，节事营销可充分运用各种搜索引擎，提高影响力，扩大影响范围。

图 4-4　福海冬捕节

总之，在媒介的运用上，采取全方位、多角度、多层次和开放性地宣传报道景区节事的相关信息，以全媒体投放形式进行，整合现有的传统媒体和新媒体等，包括广播、电视、报纸、户外广告、微信、微博、手机 APP、酒店触摸屏、宣传折页、旅行社和商家等多维一体的宣传营销维度，交叉同步覆盖不同地区的各类受众，从而全面提高新疆节事营销的影响力，提高旅游品牌知名度。

4.4　话题营销

旅游话题营销指运用各种媒体的力量以及消费者的口碑效应，让旅游产品或服务成为游客交流的话题，并形成对旅游品牌的关注，从而达到品牌推广的效果。

知识性传播和软性传播是话题营销的优势所在，这一优势也使得越来越多的行业开始不断尝试应用话题营销。话题营销的关键在于话题的建构。伴随着新媒体发展和应用技术的不断成熟，优质精良的旅游相关话题能够更加方便、更加快速、更加低成本地引发社会关注，引起社会共鸣。在制作和引导旅游相关的优质精良话题时，新疆旅游企业可以遵循以下 4I 原则，将新疆的旅游产品、旅游品牌等内容植入话题中，4I 原则为：个性原则（Individuality）、利益原则（Interests）、趣味原则（Interesting）和互动原则（Interaction）。另外，在实际的口碑传播过程中，“意见领袖”的参与可以激发受众关注并评论的热潮，引领属于新疆旅游品牌及产品的蜂鸣效应。对于“意见领袖”的遴选，可以通过查看及计算相关媒体（如新浪微博、百度贴吧）中其被关注的粉丝人数、热点话题的参与程度，以及在网站中的排名指数发现，例如网民关注度高、参与度高的博主、吧主或相关用户等。

可以通过结合时事、热点、新闻等，寻找有影响力的话题。话题要简洁明了、朴实自然、方便可及。在新疆旅游品牌产品的网络话题及口碑营销中，可以有多种内容和形式，例如难忘的旅游经历、精致的旅游产品、优质的旅游服务，或者是一些旅游中发生的特别事件。只要是能够激发受众情感共鸣和了解兴趣的旅游话题就会奏效，并且还可以进一步引起受众的关注、讨论乃至激发其旅游动机。例如，为使天山天池或江布拉克景区的奇秀壮美成为游客所热议的话题，可以邀请一些不同年龄、不同地域的游客写一些体验感想、旅游日志等，然后通过新浪微博、百度贴吧或专业性的旅游网站（去哪儿网、携程网等）作为传播渠道进行传播和渗透，进一步引发更多的人关注，必要时在文章中加入企业相关网站的链接，进而体验或购买并参与点评，以达到更好的营销效果。又如，可以将微博用作信息传播平台进行新疆旅游品牌、产品以及促销的宣传推广，恰当地选择并招募一批符合新疆旅游产品受众特征的微博用户，安排他们体验新疆的旅游资源和产品，然后围绕旅游产品的特色、属性进行个性化的讨论，制造相关的热点话题，借助其广泛的人际关系和多点传播扩散效应，以口碑传播的形式，快速且高信任度地扩散到更多的受众，引发更大范围的讨论和传播，引导网络舆论，延伸营销深度。再如 SNS（图 4–5），由于其用户群体数量庞大，活跃度和忠诚度都很高，更是具备话题营销所需的特质。话题设计是否具有吸引力是能否在 SNS 上传播的关键因素，“滚雪球效应”使得有吸引力的话题会在熟人之间自发传播，传播的体量和范围会越来越大。除了传播体量和范围上的优势，SNS 传播具有持续性，在传播过程中形成的相关信息能够自发保存在各种社交媒体或网站上，如图片、视频、博文等。由此可见，在整个话题营销和口碑传播过程中，引发传播的关键是话题，优质的话题是达到高口碑传播力度的重要因素。

话题营销需要充分考虑各方面因素，如景区环境的承载能力、景区设施的接待能力，以及可能带来的社会负面影响等，尤其需要注意的是不要以损害目的地形象、牺牲自然环境作为代价。微时代的传播，制造话题无可厚非，但要牢记传播具有两面性，应该注意言行的分寸，进行成熟稳妥的营销和公关行为。要以保证客户利益、维护社会价值为前提，重要的是确保正确的策划和执行，这样才能达到好的效果，避免造成恶意炒作的负面形象。另外，话题营销所强调的多渠道传播策略，并不是指所有平台都适合这样的传播策略。企业在把博客、社区、电子杂志和邮件等平台纳入整合营销渠道的扩充时，应当考虑不同平台的特点，有针对性地制定不同平台的传播策略，选择适合该平台传播的内容，形成各个平台的有效协同，增强整体的传播价值。

图 4-5　移动社交 SNS

“SNS 口碑营销”相较于其他营销方式而言，具有更多的优势：一方面，SNS 的口碑营销对象具有更牢的忠诚度、更强的可信度；另一方面，SNS 的口碑营销基于熟人的关系网络建立，通过 SNS 的口碑营销可以形成更为庞大的社会网络，增加忠实用户的数量，提高信息传播的影响力。

4.5　体验营销

旅游体验营销是一种以旅游体验为导向，以尽可能满足游客的旅游体验性需求为中心，以及为游客提供旅游体验进而创造消费价值的营销活动和营销方式。旅游体验营销的关键和核心就是要从满足游客高层次的精神需求出发，通过旅游体验活动，实行游客的满意化管理。就新疆旅游体验营销而言，需要新疆旅游企业从游客的需求出发，全面而深刻地把握当今游客的旅游需求特点，在一系列营销活动的组织、策划和宣传推广活动中，充分考虑新疆旅游产品的服务特性，利用游客容易获得感性信息的能力和特点，采用多种手段和方法，不断丰富和深化旅游产品的体验和内涵。通过不断打造和加强游客的感知、感官体验，以及理念和思维认同，吸引并保持游客的关注度和注意力，为游客留下值得回忆的经历和感受，进一步拓宽旅游产品的销售和推广，从而在整体上提高旅游企业的核心竞争力。

精心创意的旅游活动主题是打造新疆旅游体验营销策略的关键。新疆旅游体验活动的基础是确定好的主题，好的主题是引领体验营销成功的关键所在。确立主题是一项既复杂又重要的工作，一般应注意以下几个方面：

一是在确立前需要做充分的准备和筛选工作，要从好的方面和角度去确定主题。好的角度包括但不仅限于乡情乡愁、风俗习惯、古典文明、自然生态、流行时尚、科学幻想、都市情调，以及特别且有特色的生活方式等。好的角度的确定和选择，关键在于充分理解和感悟哪些是真正能够让游客瞩目和触动其心弦的。关于这一点，尤其需要主题的组织和设计人员做好充分的调查和准备工作，包括深刻了解游客的情感和心理活动过程、新疆旅游景点所在地的社会文化、风土人情，以及尽可能多地掌握旅游地各类知识，并且要在此基础上发挥想象力和发扬旅游艺术探索发现精神。喀什古城景物如图 4–6~ 图 4–9 所示。

图 4-6　喀什古城

图 4-7　喀什古城民居

图 4-8　土陶

图 4-9　民族乐器

二是组成旅游体验主题的各种活动要素必须在整体上和谐一致。旅游主题是借由一系列的旅游印象组合起来整体影响游客的旅游行为的，游客的旅游印象就是旅游主题体验的结果。从消费者行为和心理研究角度来看，品尝，触摸，以及动感、新奇、优雅、和谐的音乐和色彩都能够有效地加强游客的旅游印象。主题的选择和开发可基于此来对活动要素进行巧妙的组合和运用。

三是旅游主题的选择要跟上时代的步伐，不能因循守旧，要不断结合时代进行创新，与时代发展保持同一节奏。简洁动人且符合消费心理的旅游体验主题才是好的旅游主题，也只有这样的旅游主题才能够打动游客的心，激发和吸引游客来新疆进行旅游活动和消费。

在确定好旅游主题以后，接下来的工作就是紧紧围绕确定的旅游主题来塑造线索。为了能够使消费者身临其境，对旅游体验留下难以忘记的形象，需要精心设计、组合有形的旅游产品和无形的旅游服务，为游客创造一个容易体验和把握旅游主题的整体旅游环境，充分提升游客的感官体验。就实践而言，新疆旅游企业精心设计和营造的旅游产品布局、建构，旅游视听冲击，嗅觉、味觉冲击，旅游服务人员的言谈举止等都是消费者能够体验和寻找的线索。旅游管理和经营人员在选择和确定这些线索的时候，应小心谨慎，不能忽略任何一处细节，确保每一处细节都同整体主题保持一致。

除此之外，要塑造完美的旅游体验，不仅要谨慎设计每一层的正面线索，还要考虑消除一些负面的主题线索。受客观条件所限，旅游体验营销是旅游企业人为地为游客创造的能够使其留下深刻印象的环境，人为创造的环境难免会存在一些与主题相悖甚至是非常不利于主题的负面线索，而这些负面线索中任何一个小的负面线索都有可能对大的主题效果产生非常大的影响。

旅游纪念品在塑造游客难忘的体验中也能发挥重要作用，旅游企业为游客提供的用于进行回味和体验的旅游纪念品会大大增强旅游体验后的效果。就实物价值而言，纪念品价格确实比同类型、不具备纪念价值的产品要高出很多，但是考虑到旅游回味体验的价值，消费者权衡之后还是会热衷于购买（图 4-10、图 4-11）。

图 4-10　民族乐器

图 4-11　新疆和田玉饰品

旅游体验中的感官体验应考虑呼应、支持和增强主题，并且涉及的感官体验越多，游客的消费体验就越难忘。就旅游体验营销而言，目的就是要创造并维持一种让游客和所确定主题相一致的身临其境的感受。因而，旅游企业的营销人员和策略设计人员应当着重考虑如何通过刺激游客的视觉、听觉、味觉、嗅觉和触觉等多重感官，促使游客展开并丰富与主题相关的联想和想象，达到给游客留下难以磨灭的旅游印象的目的。

总而言之，旅游体验营销既能满足游客的旅游体验需求，又能提升消费者对旅游产品和品牌的认知，拉近了游客和旅游整体产业的距离。目前，新疆旅游在旅游体验营销方面已经积累了不少经验，并且取得了很好的效果。在此基础上，新疆旅游可以进一步整合不同旅游资源的特色项目，不断增加新的旅游体验主题，扩大旅游体验的规模，将体验对象扩展到疆外游客，在保持疆内游客数量的基础上，不断开发疆外游客市场。通过整合新疆旅游资源，不断发展旅游体验营销的方式，增强游客对新疆旅游产品和品牌的认知，从而在整体上对新疆旅游品牌进行传播和推广。

4.6 文化营销

根据世界知名营销大师科特勒教授的观点，营销的演进变化可以划分为三个时代：营销 1.0 时代，又称作“产品中心时代”，在这个时代营销是一种说服顾客的科学和艺术，是一种纯粹的销售。营销 2.0 时代，又称作“消费者中心时代”，在这个时代企业开始关注顾客并与顾客建立一些紧密联系，除了继续提供产品的使用价值之外，还关注为顾客带来一些独有的价值组合。现今的营销 3.0 时代，又称作“人文中心主义时代”，在这个时代顾客已经不单单被视作消费的人，更是具有独立思想和灵魂的完整的人类个体，营销理念已经提升到了一个关注人类期望、价值和精神的新的战略高度。

就新疆的旅游企业而言，向游客提供的不再是单一的旅游产品，更多是要在满足游客物质需求的同时，满足游客精神上的需求，以及文化上的享受，不断满足其高品位的需求和消费。这一新的时代特点，迫使新疆旅游企业的营销方式转变为旅游文化营销。旅游文化营销是指旅游企业在营销过程中以有目的地发现、鉴别、培育和运用独特的旅游核心价值观念为主要手段，达到旅游企业经营目的的一种战略性营销活动。旅游文化营销要以分析游客的旅游文化需求为出发点，以发掘和传播与游客旅游文化需求相适应的旅游文化价值观念为核心，有效满足游客的旅游文化和情感需求，不断提高游客获得的旅游价值和旅游满意度，进而提升新疆旅游企业的核心竞争力，并形成长期的战略竞争优势。旅游文化营销以旅游产品和旅游服务为载体，将旅游企业的旅游文化理念和旅游服务价值观传达给游客。由此可见，传统的营销理论都是以有形的产品为中心，旅游文化营销则是有目的地构建核心价值观念的旅游营销活动。换言之，在对游客的旅游价值观念和文化需求，例如艺术的欣赏、历史的追溯、愿望的具象、精神的慰藉、美的感受及心理的愉悦等进行充分认知和识别的基础上，有目的地在旅游产品和旅游服务中凝聚新的旅游价值因素来迎合游客的旅游价值取向，最终引起游客的价值共鸣，达到旅游产品的促销目的。

对于促进新疆旅游产业发展和旅游产品品牌建设方面，旅游文化营销与其他旅游营销方式相比，其优势主要表现在差异化功能方面。具体而言，在新疆某个旅游景点或者旅游地区中实施旅游文化营销，可以在当地的旅游产品中添加丰富的旅游文化内涵，使得旅游产品在物质性和非物质性（即有形和无形）方面与竞争对手的旅游景点区别开来，通过提升旅游产品的非物质性（即文化方面）的附加值，使得该旅游产品和品牌在竞争中获得竞争优势。旅游品牌的差异化是产生巨大旅游吸引力、诱惑力和感召力的关键因素，因此，新疆旅游形象的建立要通过充分开发景区特有资源、独特文化风情、历史内涵底蕴，才能让游客心中形成独特的旅游品牌形象。

新疆作为丝绸之路经济带核心区，不仅自然风光优美，拥有丰富的自然旅游资源，同时还具有悠久的历史人文内涵，拥有大量的历史文化遗迹。通过有效的文化营销，可以将新疆的自然风光和人文内涵结合起来，使得新疆的旅游景点同国内国外的其他旅游景点相比，更具有独特性和差异性。新疆在进行旅游文化营销时，应该注意以下几个方面：

① 为新疆旅游寻找准确定位：有效的旅游品牌营销是建立在准确的旅游市场定位基础上的。新疆应该将丝绸之路作为文化营销的核心，有侧重、有焦点地发展出自己独有的旅游产品和旅游行程。

② 为新疆的旅游产品和旅游景区塑造光环：必须确定“形象营销”的意识。当前，游客对旅游的需求观念发生了显著的变化，旅游不仅仅是一种放松，更多的是一种经历或体验。因此，要有竞争意识，通过形象营销提升新疆的文化形象。

③ 进行商标的文化包装：商标内外都积淀和铺垫着文化，应针对新疆的文化特点设立相应的旅游商标，更广泛地融合多元文化素材，体现新疆多元一体的文化特征，从而吸引游客。

总之，文化营销的目的在于突出区域的文化特色，既不能无中生有，亦不能夸大其词。新疆历史悠久、景色优美，具有巨大的文化旅游开发潜力和社会价值，因此，突出其区域特色，进行全方位的文化营销，才能更好地促进新疆整体旅游品牌的塑造与推广。

4.7 服务营销

管理领域中的服务营销最早起源于银行、运输、医疗和保健等传统服务行业，服务的广义定义，是指一种行动、过程或表现，是由一个实体或个人为另一个实体或个人所提供或联合生产或创造的绩效。随着科技发展的日新月异，尤其是信息技术的不断突破，服务业随之迅猛增长，服务营销的概念和战略都发生了突破性的变化，因此，酝酿了新一轮的“服务革命”。同时，服务营销的内涵也延伸为“服务是一种经济活动，它并不产生出有形的产品或构造，在生产的同时进行了消费，提供便利、娱乐、省时、舒适或健康等各种形式的附加值，这些形式基本是购买者在无形中所聚集关注的”。从而，服务表现出无形性和异质性的特征，首先，服务最基本的特性就是无形性，因为服务是一种绩效或行动，而不是实物，所以人们也不会像感觉有形商品那样去看到、感觉或触摸服务；其次，由于服务是由人表现出来的一系列行为，它有产出、消费，常常含有人际合作共创的特点，因而没有两种服务是完全一致的。服务是与顾客一起生产和共创的，因此，服务的异质性特征是由人们之间的相互作用（顾客与员工之间），以及伴随这一过程的所有变化因素所导致的。一系列的变革促使服务范围更加广阔，延伸到各类经济领域中，服务营销的地位以及重要性日益增强。

传统的营销是指组织可以控制的，能使顾客满意或与顾客沟通的若干因素，包括 4P：产品（Product）、价格（Price）、渠道（Place）和促销（Promotion）。从 20 世纪 80 年代后半期开始，服务营销在 4P 的基础上扩展为 7P，增加了人员（People）、有形展示（Physical Evidence）和服务过程（Process）。7P 是对范围宽广的服务业营销普遍适用的营销策略的归纳性概括。而结合旅游服务业的实际情况和相对特殊性，服务营销 7P 进一步演化为 8P，即在产品（Product）、价格（Price）、渠道（Place）和促销（Promotion）的基础上增加了“后 4P”——以人为本（People）、项目包装（Packaging）、活动策划（Programming）和合作（Partnership）。然而，服务的生产和消费过程往往同时进行，且经常由员工与顾客互动完成，所以在服务创新过程中，员工和顾客的参与至关重要。同时，服务是一个体验的过程或活动，导致传统的服务营销模式已经无法适应信息技术日新月异的飞速变化，因此，服务营销的发展需要根据生产与消费的过程不断调整，衍生新的服务营销创新模式，这也是目前服务营销创新发展的重要趋势（图 4–12）。

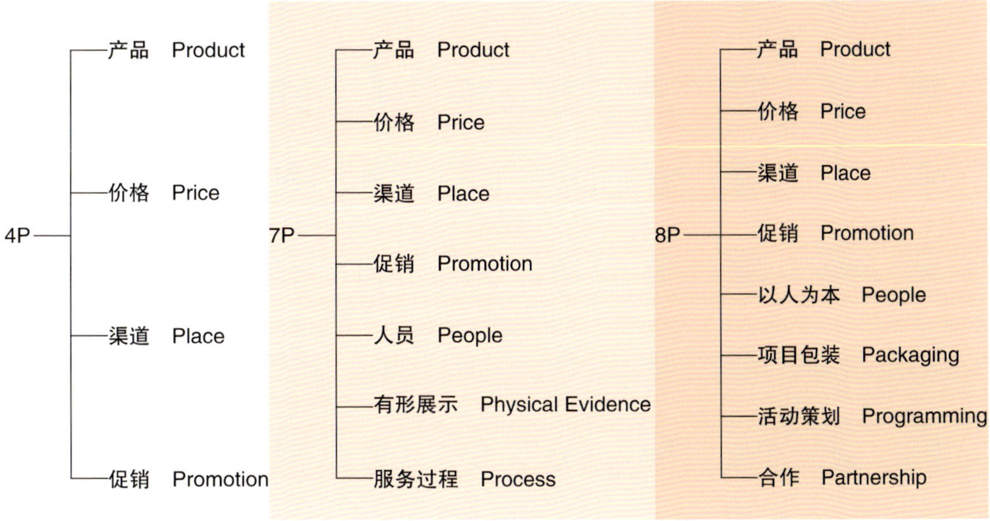

图 4-12　服务营销发展趋势

新疆传统服务营销需要升级为服务营销创新模式，其服务营销创新设计的框架如下：

4.7.1　新疆旅游服务营销创新的设计原则

鉴于服务设计的跨学科和互动性质，以及对顾客体验的重视，服务营销设计师对新疆的企业或产品进行旅游服务营销创新设计，对传统上不可用的服务解决方案进行可视化、流程化编排，并将其转化为可供未来使用的服务方案。新疆旅游服务营销创新可以依据以下五个原则进行设计（表 4–1）：

表 4-1　新疆旅游服务营销创新的设计原则

设计原则	设计的核心内容
以用户为中心	应从顾客的视角设计和体验服务
共同参与	应尽可能让所有利益相关者参与到服务设计过程中
流程化	服务应可视化为一系列相互关联的互动
有形化	无形的服务应转化为可见的人为展示形式
整体性	整个服务环境均应得到考虑

4.7.2　新疆旅游服务营销创新的方案

服务创新目的在于服务产品自身的创新与改进，其创新类型包括产品创新、围绕顾客角色创新、服务解决方案创新，以及通过互联网产品进行的服务创新。

（1）服务产品创新

服务产品的创新内容包含：

① 重大变革：是指为尚未开发的市场提供新的服务。

② 创始业务：包括那些为现有市场的同类需求（市场里已经存在能够满足同类需求的产品）提供的新服务。

③ 为现有服务市场提供新的服务：是指组织向老顾客提供原来不能提供的服务（也许其他组织可以提供）。

④ 服务延伸：是指扩大现有的服务产品线。

⑤ 服务改善：是指服务变革的一种普遍形式，有服务的性能，包括加快已有服务过程的执行、延长服务时间、增加服务内容等。

⑥ 风格变化：服务变革中最为温和的一种形式，是可能在顾客感知、情感与态度上产生的明显影响。

（2）围绕服务的创新

是指在服务产品发生变化的时候产生的，当重新定义顾客的角色是一般性参与还是共同创造时，服务创新也随之出现，通过服务解决方案进行的创新。这一创新与传统的思维具有明显的区别，传统的思维将公司向顾客提供的“商品和服务的捆绑”视为解决方案。有学者研究表明，顾客定义的解决方案不是产品和服务的简单捆绑，而是顾客所面对的系列过程，包含顾客需求的定义、商品或服务的定制和整合、部署这些集成的解决方案、部署后期的技术支持。亦有学者认为，服务创新就是了解顾客的问题以及他们正在努力完成的工作，然后开发解决方案帮助他们实现目标。

（3）通过互联网产品进行的服务创新

在企业的跨行业的转型竞争、公司运营和提供无与伦比的服务创新机会方面，互联网产品极可能是最大的变化、机遇和挑战。

4.7.3　新疆旅游服务营销创新的设计步骤

新疆旅游服务营销创新的设计步骤见表 4–2。

表 4-2　新疆旅游服务营销创新的设计步骤

方案	步骤
前期计划	1. 对新疆企业服务营销战略进行设想 2. 对新疆创新服务营销战略的开发进行创意设计 3. 对新疆服务营销概念的开发进行评价
步骤	1. 识别需要定制产品蓝图的服务过程 2. 识别顾客服务的体验 3. 从顾客角度描绘服务过程 4. 把顾客行为、服务人员行为与支持功能相联系 5. 在每个顾客行为中加上有形展示
实施	1. 服务原型的开发与检验 2. 市场测试 3. 商业化阶段 4. 推出后评价

注：本步骤最初由瓦拉瑞尔·A.泽丝曼尔、玛丽·乔·比特纳、德韦恩·D.格兰姆勒在《服务营销》中提出，是依据服务营销中的服务蓝图价值开发与构建而归纳出的新疆旅游服务营销创新的设计步骤。

4.8 创新营销

移动互联网已经成为人们生活过程中不可替代的一部分。在这个日新月异的移动互联网时代，大量新媒介不断涌现，旅游活动与传媒的相互作用不断加强，新媒体在无形中不断嵌入大众旅游的各个方面。随着技术的不断升级，新媒体营销不断涌现出更加丰富的形式，不断拓展营销的创新空间。新媒体时代的创新营销是将当下最流行的新媒体途径作为载体，运用现代营销理论和互联网的整体环境进行的营销方式。新媒体时代，创新营销在旅游品牌的推广与形象传播中逐渐起到举足轻重的作用，也给新疆旅游发展带来新的机遇和挑战。

新媒体时代的创新营销具有多元性、普及性和互动性的特点：

① 多元性：基于新媒体的创新营销具有多样化的传播平台和传播形式，文字、图片、音频和视频等都可以成为新媒体营销内容的载体。有了丰富多元的传播媒介，受众就可以方便快捷地获取多种新疆旅游信息，然后选择自己所需要的内容进行关注。互联网时代的新媒体营销，以其丰富的传播途径和多元的营销信息，扩充自身的营销容量，同时也使新疆旅游营销形式变得更加灵活可控。

② 普及性：手机如今已经成为国民上网最主要的工具，所以新媒体营销也能实现迅速普及， 拥有数量巨大的消费者受众。新媒体以其方便快捷的特点，深入人们日常生活的每个方面。这为新疆旅游品牌的创新营销提供了良好的发展平台。

③ 互动性：依托于新媒体环境建立的创新营销活动，在使受众被动接受营销信息的同时，还允许消费者主动对这些信息进行筛选并帮助消费者进行信息分类，使消费者能够尽可能地避免浪费时间和精力，尽快选择出对自己有利用价值的有效营销信息。创新营销的互动性则能够增加新疆旅游品牌营销的针对性，提高营销效率和消费者的满意程度。

在移动互联网的全新背景下，对新疆旅游的营销进行有效创新，主要可以从以下几个方面开展工作：

（1）创新营销模式，实现智慧营销

通过移动互联网拓展新疆旅游经营者、消费者二者之间的沟通方式，这样不仅能够拓展信息的传播以及获取方式，同时也能够保证让更多的人了解新疆旅游这一领域。因此，实际的营销过程中，首先，可以结合当前电子商务的快速发展形势，将新疆特色旅游产品投入市场中，使人们了解相关内容，以此保证能够将新疆旅游的标志和品牌传递出去，促使新疆旅游实现更好的发展；其次，需要积极打造出智慧营销相关模式，也就是将营销模式变得更加多元化、信息化，应用各种移动互联网相关资源，基于全新的通信技术，将新疆旅游的内容共享给人们，促使信息实现快速传播，以此保证能够为消费者提供更高质量的旅游信息和旅游服务。

（2）创新营销理念，坚持与时俱进

新疆旅游想要在模式上实现创新，就必须摆脱传统理念下单一、无效的网络营销束缚，按照当前时代、市场的实际变化和需求，合理改变观念，对营销策略进行合理创新。在制定营销策略之前，需要做好相关的市场调查，尤其是消费者群体使用移动互联网的频率、消费成交量、移动客户端的类型和潜在消费需求等，要对这些方面有充分、全面的了解。只有保证营销理念完全符合当前新疆旅游实际需求，才能够确保营销理念、方法真正满足消费者的实际需求。

（3）准确定位市场，实现多元复合

在移动互联网的全新环境中，新疆旅游的营销必须紧跟时代发展步伐，不断进步，并且从当前市场的实际需求出发，准确定位市场，将各种创新理念应用在实际中，保证营销上的创新。首先，需要综合、合理地运用搜索引擎、旅游网站、电子邮件等中消费者的口碑去拓展营销渠道。新疆旅游的相关组织、企业等可以使用各种各样的方法，引导消费者对乡村旅游周边产品、服务、形象进行讨论，并且鼓励消费者将这些内容传播给周围的人，以此有效地将新疆旅游品牌推广出去。当消费者真正体验过该旅游项目超出预期的服务和质量时，就会主动积极地成为新疆旅游品牌的传播者，但如果消费者在体验之后，认为依然存在很多不足，很容易产生负面口碑。其次，想要实现创新，就需要站在消费者的角度，利用新媒体平台与潜在的消费者进行沟通和交流，保证创新更加贴近人们的需求。利用现代化的全新平台优势，提升新疆旅游的平台效应，更好地满足消费者的心理以及服务需求，促使新疆旅游行业实现更好的发展。最后，新疆旅游促销方式上的创新也有利于提高游客关注度。旅游经营者及当地政府需善于利用新媒体，不断创新促销方式，提高游客对新媒体账号的关注度。例如，微博转发达到一定次数的游客，可以免费获得景区门票、免费食宿、免费参与景区内特色活动等；对积极转发景区视频、图文等宣传资料的游客，可以获得“对景区有突出贡献游客”“最美游客”等称号，并享受相应特权等。设计多样创新促销方式，可以在让利游客的同时，吸引游客对新疆旅游的持续关注。

总之，在全新的移动互联网视角下，对新疆旅游的营销方法进行创新，必须要秉持客观、理性的态度，从营销的创新性和可行性入手，不断探索出全新的智慧营销模式，促使新疆旅游的创新营销变得更加多元化、合理化，更加具有特色。

5 新疆智慧旅游体系的建立

智慧旅游体系旨在有效促进旅游价值的扩张，注重旅游品牌的发掘，通过整合营销、精准营销、数字营销等营销手段来加大旅游目的地的宣传力度，提升城市的品牌影响力。新疆智慧旅游体系的建设是以旅游信息数据为基础，集成旅游目的地营销系统、智慧旅游公共管理服务系统和旅游产品营销系统，建设新疆旅游目的地一体化信息服务平台。

5.1 升级智慧旅游基础设施

旅游基础设施是指为适应旅客在旅行游览中的需要而建设的各项物质设施的总称,而所谓升级智慧旅游基础设施是指完善旅游信息基础设施的建设。旅游业是新疆现代服务业的重要组成部分，已经成为地域经济的战略性支柱产业。当前，以互联网为代表的现代信息技术持续更新迭代，为旅游业高质量发展提供了强大动力。为坚定不移建设网络强国、数字中国，持续深化“互联网 + 旅游”，推动新疆旅游业高质量发展，更好发挥旅游业在促进经济社会发展、满足人民美好生活需要等方面的重要作用，应该加快、加强新疆智慧旅游基础设施的升级进程。

针对智慧旅游的基础设施大概分为两方面：一方面是硬件上，智慧旅游的基础设施区别于传统旅游的基础设施，它更强调旅游资源的信息化，那么就需要在网络层面下功夫，做好互联网、移动通信网的覆盖与铺设，同时在感知层更要结合物联网技术搭设传感器结点、智能终端，实现物物相连和精准智能的实时反馈。另一方面是软件上，做好统一筹划，协调各大旅游景区的数据形式与来源，做到政策先行，实现统一的信息格式。

截止 2023 年 4 月底，随着越来越多的 5G 基站建成，新疆每万人拥有 5G 基站数 15 个，所有地级市城区、县城城区和 99.16% 的乡镇镇区已实现 5G 网络覆盖。在此基础上，更要重点加快提升国家 / 自治区全域旅游示范区、国家5A级旅游景区、国家级旅游度假区等各类旅游重点区域5G网络覆盖水平。选择代表性强、特点显著的文化旅游重点区域，通过提升5G网络覆盖水平，支持开展5G+智慧景区、VR全景直播、AR慧眼等5G智慧应用。除此之外，还要加快推进交通设施5G建设，提升人员密集的旅游交通集散地、大型客运火车站等区域的5G信号覆盖水平，通过无线局域网、5G等电信通信网络进行数据传输，保证信息化的实现基础。可采用无线网、P2P网络、云计算网络构建基础通信网络，这也能保证数据从物联网基础设施层快速、精确地传递到应用层。

改革开放以来，新疆旅游业各方面都发生了变化。新疆各大景区积极响应国家政策，推动旅游产业信息化。例如，2013年以来，天山天池景区根据“总体规划、分步实施”的原则逐步实施智慧景区信息化建设，累计投入资金近4000万元，完成五期信息化基础设施项目，实现从“一平台、两中心”到“一中心、三平台”的升级改造；构建了以融合通信与信息技术为基础，以游客互动体验为中心，以一体化行业管理保护为保障的信息化智慧平台体系，大幅度提高了天山天池景区旅游管理、监测保护、旅游服务体验的质量与水平。新疆还可以进一步加快推动停车场、旅游集散地与咨询中心、游客服务中心、旅游专用道路及景区内部引导标识系统等数字化与智能化改造升级。推进物联网感知设施建设，加强对旅游资源、设施设备和相关人力资源的实时监测与管理，推动无人化、非接触式基础设施的普及与应用。充分运用物联网技术，感测、分析、整合景区运营的各项关键信息，从而对包括环保、公共安全、景区服务等在内的各种需求作出智能响应。建设景区的数据采集终端，包括传感器、红外摄像头、高清摄像头、闸机、自助售票机和系统客户端等。例如，将景区照明灯、道路指引灯、景观亮化灯升级为智能LED灯，在景区网络广播、监控摄像头、电子显示屏和观光车（含缆车）等设备上加装智能驱动器，实现对景区设备设施的智能控制。在景区分散布设森林防火、气象监测、水质监测和空气监测等智能采集器，在各个观景点、危险位置、受保护珍稀植物、文物，以及各类服务设施等位置部署智能感知器和摄像机，实现对景区环境的全面监测与安全控制。其中，物联网的基础建设就至关重要了，物联网的特点主要体现在以下方面：一是互联网特征，物联网的基础和核心是互联网，是在互联网基础上延伸和扩展的一种网络，能够实现物与物、人与物之间的互联互通，通过通信网络，可以实时共享数据，传递信息；二是识别与通信特征，物联网具备自动识别与通信功能，利用 RFID、传感器技术实时收集数据，并利用无线通信技术实现物与物、人与物之间的通信和信息传输；三是智能化特征，通过人工智能技术对海量数据和信息做到实时分析和决策，分析物体的属性、处理信息、监控周边路况、科学决策、及时反馈、实现智能化控制和决策。物联网架构可分为三层：感知层、网络层和应用层，如图 5–1 所示。从图中可以看到智慧旅游就是其应用层的案例之一。

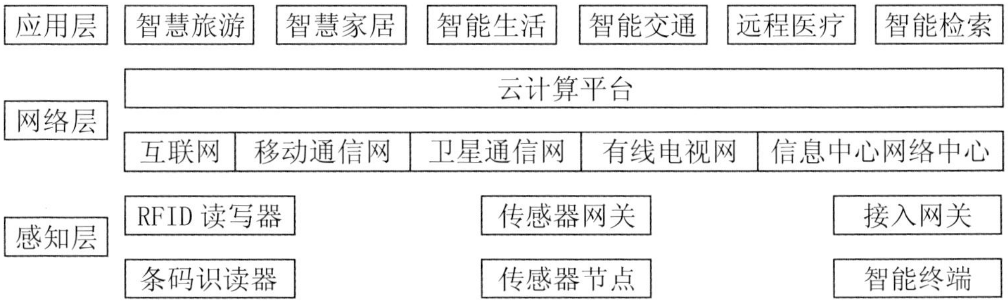

图 5-1　物联网架构

智慧旅游基础设施的完善，有助于打破信息孤岛，协同发展一个新疆旅游。当下新疆许多旅游景区都拥有了自己的信息系统和信息化措施，然而这些智慧化方案、收集的数据仍停留在一个个孤立的小集约化群体上，很难连通起来、流动转化为更大的数据红利。因此，进一步规范各地区旅游大数据中心建设，建立省域统一的数据标准，实现涉旅数据整合和共享，发挥数据综合服务和应用效能是一项值得考量的基础设施建设工程。智慧旅游基础设施的建设应该是融合统一的，也应该坚持一个新疆原则，在一开始就实现协同发展、共享发展的趋势。政府方面可以出台政策进行引导，建设统一数据形式的数据中心，要从数据收集和编织上做好统一配置，这样在整个数据库、数据分析框架搭建起来后，不同旅游景点的分析可以协同进行、跨域进行，将数据量扩展，整体分析新疆不同旅游景点的共同优势和独立特点。

这种对软基础设施的要求是与实现一个区域旅游智慧化、信息化的物质基础设施同等重要的存在，也是发挥数据综合服务和应用效能最大化的根源所在。

总的来说，智慧旅游基础设施的升级是一项长期的工作，需要不断地实践与推进。提升网络水平是实现“互联网 + 旅游”的第一步，与此同时，开展各类旅游服务系统的智能化、信息化改造是相辅相成的。智慧化是硬件的智慧化，更是软件的协同化，大数据的基础是打破孤岛，实现一个新疆、一个信息圈，所以出台数据编织手册统一数据格式使智慧赢在起跑线上，是非常重要的前期工作之一。

5.2 整合旅游目的地内部资源

在进一步探讨整合旅游目的地的内部资源之前，首先，需要明确旅游资源的概念。旅游资源是指自然界和人类社会中凡能对游客产生吸引力、可以为发展旅游业所开发利用，并能产生经济效益、社会效益和环境效益的各种事物和因素。通过对旅游目的地内部资源的整合、优化配置，可以获得更大的经济效益、社会效益和生态效益。

旅游目的地的品牌整合营销就充分体现了对旅游目的地资源的整合。旅游目的地的品牌整合营销突破了把区域旅游作为唯一营销内容的做法，把“吃、住、行、游、购、娱”作为有机整体来全面系统地营销。旅游目的地内部由众多复杂要素构成，可进一步分为旅游企业、旅游营销机构，以及信息内容和来源的载体“旅游产品”，还有景区内的各种服务人员。只有将各种要素进行整合，形成“物”“人”与“组织”的有机统一体，才会形成准确的形象定位，实现信息清晰、一致地传播，与游客建立良好的关系。

整合旅游资源的目的是打造旅游产品。丰富的旅游资源必须经过整合与开发，进行资源的优化升级，形成受市场欢迎的产品，才会对游客形成吸引力，从而创造出更多的经济价值和社会价值。依托旅游资源进行旅游目的地“物”的整合，必须充分识别、挖掘和利用新疆特有的旅游资源，实现区域内旅游资源的合理组合，根据游客需求开发新型旅游产品，并且恰当地对新产品进行组合，完善产品开发及推广的配套设施。新疆的旅游资源丰富，自然风光及历史文化遗产独具特色。按照《中国旅游资源普查规范》的资源分类，新疆六大类型资源齐备，在68种基本类型中至少拥有56种，占全国旅游资源类型的83%。同时，新疆拥有独具特色的人文景观和独具魅力的人文风情。基于新疆丰富的旅游资源，目前已经针对不同的景观特色和用户需求，开发出多条精品旅游线路供游客选择，同时也提供了丰富的旅游形式，包括文化旅游、民俗旅游、研学旅游等。新疆旅游目的地品牌营销必须充分利用现有旅游资源优势，在原有旅游产品与服务的基础上进行创新、改进。一方面，丰富现有旅游产品的类型，从产品差异化的角度，满足游客不同的需求层次，将旅游产品按照功能分成不同的产品体系进行整合与丰富；另一方面，对产品进行组合宣传，激发游客来新疆旅游的动机，提升品牌知名度。

在新疆旅游品牌营销的过程中，必须重视人际传播的影响与作用。信息的人际传播既能保证游客及时准确地获得旅游信息，又能增加游客旅游过程中的愉悦感，形成良好的品牌印象，最终与游客建立稳定和谐的关系，提高目的地的美誉度。在“人”的整合过程中，首先，要关注的是新疆旅游营销人员。作为营销策略的制定者及实施者，他们的工作从根本上影响着新疆旅游品牌建设，既影响游客对景区的印象，又影响着营销效果。其次，是新疆各个旅游景点的导游。导游在新疆旅游景区介绍、宣传，以及游客对景区的认识等方面具有重要的影响。导游的业务水平及职业道德素养，影响着新疆景区的服务水平，进一步会影响游客对新疆的印象。因此，必须加强对导游知识素养与从业道德的培训，提高其整体素质。再次，加强对景区工作人员的管理。景区工作人员是景区服务最直接的展示，良好的服务态度、较强的工作能力，既能保障景区的有序运营，又能给游客提供最直接的服务，容易使游客对新疆旅游产生良好印象，享受旅游的过程，并成为忠实游客。最后，旅游景区及周边居民作为景区的重要组成部分，尽管与游客直接交流相对较少，但是随着旅游业的快速发展，景区居民从事旅游及相关产品的经营活动越来越多。因此，居民的素质、其对游客的态度，都对景区品牌形象具有重要影响，必须对当地居民予以指导，全面提高景区居民的素质。

内部组织整合是整合营销传播对组织结构的功能要求，因此，在整合营销传播中必须对新疆内部相关的组织进行有效整合。政府和旅游企业作为营销传播主体，需要建立职责明确的旅游品牌管理体系，通过组织的整合，保证对外宣传口径和品牌形象的统一。在旅游目的地营销传播时，当地政府、旅游企业、旅游相关组织之间应该建立统一的品牌推广目标，全面提高新疆旅游品牌形象与价值。在品牌营销的过程中，政府应发挥主导职责，根据新疆整体的发展规划，制定旅游品牌营销的方向及未来目标；旅游企业作为重要的参与者及纽带，应该充分发挥自身优势，既满足政府的发展需求，又能保证企业的生存与发展；旅游相关组织，通常是由旅游兴趣爱好者组成，在旅游宣传及推广中具有重要的作用，因此，旅游相关组织应从思想及行动上维护景区有序、健康的发展。

5.3 建立新疆智慧旅游云商数据库

想要打造精准的信息化服务，实现以人为中心的新疆智慧旅游，第一步就是通过对数据的采集、存储与分析来了解游客的需求。

智慧旅游云商数据库建立后，可以利用用户信息反馈，服务于景区建设，实现有效的数据收集。整合营销传播实施的基础在于与游客建立良好的关系，并形成长期的旅游品牌价值。这就要求必须对游客有充分的了解，建立完整的游客档案。因此，智慧旅游云商数据库对于新疆旅游业的发展十分重要。它是一个涵盖新疆旅游产业资源的核心数据库及数据交换平台，是旅游目的地一体化信息服务平台的基础。通过调研、统计、网络数据采集等多种方式，收集并掌握可以反映新疆各景区游客需求、游客的基本信息统计资料、在新疆停留的时间、获取有关新疆旅游信息的主要方式、在新疆的消费水平、旅游消费方式、游后对新疆各景区的评价与信息反馈、饮食习惯及住宿要求等数据资料后，可以对不同类型的游客予以进一步细分，对收集的数据进行可靠性处理，剔除无效数据，然后进行编码存储，形成游客档案，对游客的需求进一步汇总，对游客的建议进行归纳，针对景区具体情况来改善景区存在的问题。

建立智慧旅游云商数据库的一个重要目标就是与游客建立良好、长久的关系。全面客户管理的关键在于掌握游客准确的信息，通过游客行为的数据化，实现大批量的管理。目前新疆可根据景区的特点以及品牌营销的目标，从两个方面建立数据库，一是通用指标数据库，例如游客的年龄、性别、居住地和收入水平等；二是个性化指标，例如游客对新疆旅游的具体需求、个人爱好、对景区的建议等。通用指标用于了解新疆游客的基本信息，而个性化指标则是为了更好地满足游客的需求。游客、市场环境和传播环境都是变化的，所以数据库要及时更新、不断完善，同时扩大数据收集的范围，保证数据的准确性、有效性。

智慧旅游云商数据库的建立使数据运营变得更加科学合理。云商数据库的根本除了其收集运营逻辑，更在于数据本身。首先，要实现数据共享，数据共享包含的所有用户可同时存取数据库中的数据，用户可以用各种方式通过接口使用数据库，并提供数据共享。其次，要减少数据的冗余度，同文件系统相比，由于数据库实现了数据共享，从而避免了用户各自建立应用文件，减少了大量重复数据，维护了数据的一致性。再次，云商数据库更能保持数据的独立性，数据的独立性包括逻辑独立性（数据库中数据库的逻辑结构和应用程序相互独立）和物理独立性（数据物理结构的变化不影响数据的逻辑结构）。将数据以数据库的方式进行集中控制，相比文件管理方式，数据处于一种分散的状态，不同的用户或同一用户在不同处理中其文件之间毫无关系。利用数据库可对数据进行集中控制和管理，并通过数据模型表示各种数据的组织以及数据间的联系。最后，云商数据库在数据一致性和可维护性方面的巨大功用，可以确保数据的安全性和可靠性，主要包括安全性控制、完整性控制、并发控制，使在同一时间周期内，允许对数据实现多路存取，又能防止用户之间的不正常交互作用，并且由数据库管理系统提供一套方法，及时发现故障并修复，从而防止数据被破坏。

云商数据库更是智慧分析的基础。除了传统数据库的优势以外，云商数据库更是结合了“互联网 +”大环境的独特优势，为实现联网协同、云计算、数据分析等奠定基础。将一个现有的数据库优化到云环境有非常多的好处，一是可以将数据库从一个地方移到另一个地方（云的可移植性），利用数据的灵动性，实现按需扩展；二是拥有高可用性，将数据库部署到云，通过简化可用信息经过 Web 网络连接的业务进程，支持和确保云中的业务应用程序作为软件，即服务（SaaS）部署的一部分；三是将各个旅游景点的数据库部署到云实现存储整合。新疆作为一个旅游大省，拥有非常多的自然景点、人文景点，存在多个数据库，云商数据库则可以把这些数据库在云环境中整合成一个数据库管理系统（DBMS）。这就减轻了数据整合工作巨大的工作量，在更好地对新疆各旅游景点进行个性化分析的同时，实现把新疆旅游资源作为一个整体进行比对分析找到优势和用户画像的目的。这样一个云商数据库，它不仅拥有传统数据库的优势，而且更专业、高性能、高可靠；不仅提供 Web 界面进行配置、操作数据库实例，还提供可靠的数据备份和恢复、完备的安全管理、完善的监控、轻松扩展等功能支持。相对于各个景区自建数据库，云商数据库具有更经济、更专业、更高效、更可靠和简单易用等特点，使景区能更专注于核心的服务板块。

综上，当前大数据分析、人工智能技术飞速发展，科学且大量地把握数据似乎就赢在了智慧的起跑线上。那么，如何收集数据、处理数据就成了一个重要的议题。旅游本身归根结底是一种消费行为，利用用户本身的信息反馈再服务于智慧旅游改造上无非是实现消费收益最大化的明智选择。这就需要充分利用大数据分析方法和技术，构建符合旅行者信息特征的云商数据库来进行数据收集与整合。

5.4　建立新疆智慧旅游大数据分析框架

在数字经济崛起的同时，工业和信息化部提供的数据和分析结果指出，光网城市的建设在中国已经全面完成，网络规模的覆盖率在全球处于领先地位，其性能也是数一数二的。截至 2023 年 5 月底，我国已累计建成 5G 基站 284.4 万个，进一步提升了网络的覆盖率和信息传输效率，意味着我国数字经济基础设施建设也越来越完备。深入推进旅游领域数字化、网络化、智能化转型升级，培育发展新业态、新模式，推动旅游业发展质量、效率和动力变革，成为新的热点话题。

在大环境背景下，随着新疆旅游产业与信息技术的高度融合，衍生出了新疆智慧旅游的新命题。而伴随着大数据、物联网、云计算、区块链和人工智能等技术的快速发展，新疆的旅游行业也改变了原有传统、单一的旅游形式，促进了传统文化的传播、旅游景点和城市的建设，使得人们的消费方式向现代化方向转变，开辟出了旅游发展的新模式。基于当前数字经济时代智慧旅游的发展现状，智慧旅游的发展在于服务，而更好的个性化需求服务建立在信息交互平台的发展上。因此，面向智慧旅游的信息交互服务平台结构和大数据分析框架优化建设就显得尤为重要了。

智慧旅游大数据分析框架的内涵是以信息交互为突出优势。随着信息技术的飞速发展、双边市场通过信息平台的交互功能来满足消费者、旅游服务者，以及政府监管部门的沟通和互动。这就要求新疆提升云商数据库的建设效率，同时还应进行智慧旅游平台的信息智慧整合。智慧整合与传统的信息简单汇集有着本质区别，其将有效的共性资源信息进行获取、集成、挖掘和分析，然后进行精准且智能的推送，即基于每一位用户的物理信息等对信息库内的各种旅游信息进行智慧分析与匹配，进一步提供及时且准确的问题解决方案，实现一种点对点的全过程智慧服务。

智慧旅游大数据分析框架的设计需要共建多边参与的主体，包括旅游供给方，即提供旅游服务的一些中小型旅游企业；游客，即有旅游需求的大众群体；旅游监管部门等。

智慧旅游大数据框架的建设有助于实现科学化的服务流程与功能。旅游供给方为平台提供其所能提供的旅游产品和旅游服务信息，完善旅游资源信息库中旅游供给信息部分，同时根据现实状态的景点实时变化状态和平台反馈信息来不断进行产品和服务信息的完善，然后提供一些降低成本的决策。云商数据库进行对游客信息的收集和游客需求的有效集成，然后游客通过平台来查询或被推送符合自身需求的旅游相关服务信息。在平台系统中旅游监管部门可以公布各项通知、相关规定与规则，获取游客信息反馈，对旅游服务的全过程进行监管。通过智慧旅游信息交互平台的智慧型导游、导航、智慧推送和评价反馈等功能，为平台提供多边市场之间的沟通服务。

具体来看，智慧旅游大数据分析框架的内容体现在：首先，智慧旅游大数据分析框架可提供智慧查询服务，平台通过信息资源集成所建立的云商数据库具有较为全面的旅游服务信息、游客关联性需求和旅游景点、旅游产品信息等。平台化信息交互服务模式下，随着平台的使用主体不断增多，使用频率也持续上升，再结合数据挖掘、重新排列、分类和统计分析、整合形成更完善的信息资源库，便于用户进行智慧查询。其次，智慧旅游平台化信息交互服务还会提供个性化信息的感知与推送。随着当今智能产品的普及，智能终端产品使用者的物理信息很容易被获取，根据这些信息推测出其喜好，并进行个性化推送。最后，智慧旅游信息交互平台服务也可以为企业提供产品定制服务，企业定制能力借助信息实现可持续发展，随着企业能力和信息协同度的转变，使得其产生动态协调转变。

在足够完整的基础设施支撑下，根据容纳海量数据的云商数据库，可以开展很多有意义的数据分析工作，来形成新疆特色旅游的用户画像和针对不同用户的个性化服务。形成一个科学的数据分析框架，就实现了智慧旅游概念的核心内涵之一——旅游信息服务。智慧旅游所涉及的旅游信息服务改变了群体化的提供方式，在大数据分析框架指引下是集成化、去中心化的一键化智慧旅游服务。

5.5 整合新疆旅游品牌传播内容及渠道

旅游目的地的信息整合是一个相关信息编码的过程，也是各种媒体对新疆典型性信息进行搜集、筛选、加工、存储并予以呈现的过程。目的地整合营销传播的核心就是在以旅游目的地所对应的目标游客为核心的基础上，综合对旅游信息进行编码，并使用多种传播工具向大众传播，以统一的目标和统一的形象，传递统一的旅游目的地形象信息，实现与目标游客的双向沟通，在游客心目当中树立明确的品牌形象，建立长期关系。

在旅游品牌的整合营销中，需要以整体形象为中心。游客对旅游目的地的印象来自他们所接触到的各类信息的整合而形成的整体印象。对于新疆旅游信息的传播来说，一定要有目的性和针对性，把握游客的需求信息与所提供信息的契合点，既满足游客的需求，又能准确客观地传递景区信息，还能利用当下多种传播渠道，使游客全面认识新疆旅游。信息内容的刺激性能激发受众的兴趣，聚焦受众注意力，而信息的多样性呈现，更能够实现传播的效果，例如文字、图片、视频等方式的搭配运用。新疆在旅游宣传时充分运用了图片的形式将美丽的自然景观呈现给游客，尤其是在各种社交平台的宣传中，刺激了游客对美丽自然景观的需求。从文化传播的角度，新疆维吾尔自治区文化和旅游厅提供了数字文化馆和数字美术馆的服务，提供文化直播、线上浏览的虚拟展馆等服务，通过数字化、智慧化的方式，全方位、生动地向游客展示新疆独具风情的文化旅游资源。同时，需要“用同一个声音说话”，传播一致信息是整合营销传播的重要原则。旅游信息的一致性传播主要体现在时间上的一致性与空间上的统一性两个方面，空间上的统一性主要指不同的细分市场与景区以“统一的定位、统一的主题、统一的形象、统一的理念和统一的特征”传播新疆旅游品牌信息，尽管所应用的媒介和传播符号呈现多样性，但必须保证传播主题的一致性；时间上的一致性表现在游客关系管理的各个阶段、各个时期，既要保证传递信息的时效性，又要保证信息的准确性、全面性，而且内容与形式要协调。新疆旅游品牌形象的塑造是一个长期的过程，由于环境、游客需求的变化，传播内容与传播的形式必须不断调整，在采用传统营销方式的基础上还需要紧随时代热点，尤其是近几年的新媒体传播，例如采用微信平台营销、APP 营销、短视频营销等方式。这就需要集成的旅游目的地营销系统，共同构成传播“新疆是个好地方”的新媒体矩阵，向游客传递一致的新疆旅游品牌形象。

旅游信息传播渠道的整合主要体现在通过多种媒介形式进行旅游信息的传播，充分利用不同媒介在传播方式上与受众的互补，以最有效的方式与游客进行接触、互动。尤其是近年来随着数字化水平的不断深入，如何实现“智慧化”的旅游信息传播渠道的整合需要进一步构建和完善。2020 年新疆推出了“新疆智慧旅游”管理平台以及新疆景区预约系统，全区 A 级以上的旅游景区全部实现线上分时段的预约管理，游客可以通过“新疆景区预约”微信小程序进行游览预约。“新疆景区预约”小程序与景区的门票预订、在线支付、检票扫码入园等相连通，达到了引导游客预约、错峰旅游的目的。预约系统的建立将有助于景区实现“限量、预约、错峰”的要求。这样对于游客来说，能够得到景区游览的相关情况，减少不必要的时间投入，提升在新疆旅游的体验感和好感度。“新疆智慧旅游”管理平台融合云计算、大数据、物联网、人工智能、5G、AR/VR 和慢直播等现代互联网应用技术，整合相关厅局、运营商、景区数据和 OTA 等涉旅资源，管理者可以通过产业监测平台动态了解景区实时情况，为游客提供便利化、数字化、智能化的旅游服务。“一部手机游新疆”平台的上线，整合了新疆旅游信息资源，为游客带来了更多的便利以及旅游体验，也进一步提升了新疆旅游的智慧化水平。2020年平台上线时就已经上传了A级以上景区、酒店、文化场馆、餐饮、民宿、景区手绘地图、慢直播、智能行程等2万多条基础数据，基本可以实现在新疆旅游的吃、住、行、游、购、娱等服务。2022年“一部手机游新疆”实现了赋能升级，整合了当地优质资源，实现景点游览、特产购买、餐饮预订等一站式服务。该平台的使用有效地改善了当地旅游业的管理水平，帮助游客更加了解新疆的旅游资源，提高了顾客满意度，有效地提升和宣传了新疆的旅游品牌。同时，该平台联合了电子商务系统，形成一个购买闭环，不但提高了新疆旅游景区的服务水平，提升了新疆旅游品牌的整体形象，还进一步实现了更大的经济价值。在新媒体时代，新疆需要充分利用新媒体平台的特点，整合新媒体渠道，传播一致的新疆旅游品牌形象，以让更多的人了解新疆，吸引更多的游客来新疆旅游。丰富的网络传播平台以及网络主题传播活动，能够为游客提供来自不同视角的当地旅游资源介绍，通过微博等社交平台加大和游客之间的交流互动，及时答复游客的疑问，加深游客对新疆的了解，以期建立更深的关系。

旅游目的地与游客的互动是一个长期、持续的过程，并不会因旅游活动的结束而终止，在大数据、互联网时代，网络互动平台的建立，是新疆旅游品牌建设不能忽视的问题。目前，新疆已经建立了以“新疆是个好地方”为主题的微信公众号、视频号、抖音号和小红书号，形成了一个综合的新媒体传播矩阵。但这些渠道主要以传播新疆旅游资源的宣传信息为主，与以游客为核心的信息互动平台存在较大的差异，缺失真实信息反馈机制，网络平台影响力小。因此，新疆可以构建以游客互动为主要功能的平台，通过平台游客可以自由分享各种旅游信息，包括图片、视频、博文、感受和体验等；可设定奖励措施，鼓励用户注册以及分享个人经历，从而提高游客的积极性；需要对游客所提出的问题及时予以解答，提高互动的效率，通过互动平台实现与游客更深层次、更全面的互动，塑造更真实、更有亲和力的旅游目的地形象。

5.6 基于 Mobile Beacon 的智慧旅游平台建设方案

Mobile Beacon（mBeacon）硬件设备属于小型无线设备的一种，通过持续向周围一定范围内的智能设备广播射频信号来实现信息的传播。手机应用能监听信号，在收到信号时触发基于位置的操作。该技术基于当前最新的蓝牙低功耗 4.0 技术，mBeacon 设备被用来打造一个信号基站。通过这一基站，当用户持有移动设备进入该区域时，就会获得该基站的推送信息。同时，通过接收基站信号，用户还可实现个人身份识别、定位，以及精准的室内导航。

相比于传统的蓝牙和 NFC、RFID 等技术，mBeacon 技术具有传输距离长、耗能小、信号强和可移动的技术优势。正是由于 mBeacon 技术具有这些特点和优势，因此，可以将其运用到旅游的营销活动中，更好地为游客服务，进一步加强新疆的智慧旅游建设，塑造新疆的旅游品牌形象。

mBeacon 技术可应用于新疆旅游综合信息平台的建设。游客在来到旅游目的地旅游之前,往往对该目的地的风土人情了解程度不深,缺乏相关的餐饮、娱乐等方面信息。因此对游客而言，如果能通过智能技术向他们提供翔实的旅游信息，那么将极大地改善他们在旅游目的地的旅游体验，并且通过有针对性的旅游信息推送，可以对目标游客进行精准营销以及定制化服务，从而在游客心目中形成该目的地的旅游品牌形象。

通过 mBeacon 技术，可以实现智能导游信息的推送。旅客到达城市后，通过手机下载安装本地旅游 APP 或者关注本地旅游公众号、小程序等方式实时查询城市热门旅游线路、交通信息、景点介绍、景点天气、门票优惠信息和景点游客流量等实用信息，方便旅客根据实时情况了解旅游环境，做好旅游规划，调整旅游行程等。这些便捷服务的实现都是基于 mBeacon 技术的智慧旅游系统平台。旅游管理部门和入网商家也可以通过 mBeacon 智慧旅游系统将旅游便民信息、突发信息和商家打折促销信息等定时推送到游客手机 APP 或公众号上，为游客的旅游出行提供全方位的导游信息。游客还可以通过手机 APP 或微信小程序查询通往景点的公交信息，帮助游客合理规划出行时间及交通方式。通过安装旅游服务的手机 APP 或关注公众号，游客可以实现旅游线路的预订和服务购买，例如旅行社预订、餐饮预订、住宿预订、交通工具预订、景区门票预订和导游预订等。mBeacon 可以提供一站式旅游服务智能化预订，满足游客的个性化需求，提供移动化、便捷化的全程掌上预订服务功能。此外，mBeacon 技术还可以提供游客安全防身智能报警，游客在景区遇到意外被困、可疑尾随、导游威胁购物等状况时，可通过长按mBeacon硬体按钮向景区安保人员发送求救信息，安保人员通过mBeacon定位可查找到求救者所在位置。基于mBeacon技术的应用，提高了新疆旅游景区的服务水平，满足了游客更加个性化的需求，在游客心目中留下更好的新疆印象。

基于mBeacon建立的智能旅游综合信息平台不仅可以向游客提供有价值的信息，还可以向景区管理者提供游客的位置及流量等相关信息，从而帮助景区管理者更好地对景区进行管理，防止意外事故发生。特别是对于范围较大的景区，经常会出现游客走散等现象。针对这种情况，mBeacon智能旅游系统可利用定位跟踪、蓝牙身份识别等功能在景区内建立一套完善的游客安全保障体系。对于范围相对较小、游客密集的景区，mBeacon智能旅游系统可以根据实时游客流量进行全网推送，引导游客流量的合理流动，当发生大量游客高密度聚集且流动缓慢的情况时，系统将及时向旅游管理部门自动预警，预防拥挤踩踏事故的发生。

mBeacon技术有利于建设新疆旅游的商业管理平台。游客在旅游目的地游玩时，不可避免地会与当地的商家和商业经营者产生联系。而旅游目的地的商家作为重要的旅游服务提供者，他们向游客提供的服务质量会直接影响游客在该旅游目的地的旅游体验，也会影响该旅游目的地的品牌形象。借助基于mBeacon技术建立的智能旅游商业管理平台，可以有效地改善游客与当地商家的关系，调解相关矛盾，帮助旅游目的地的执法者和管理者更好地对当地的商家进行管理,从而使不同类型的商家都能够更好地为游客提供服务。

首先，该平台可以用于旅游纠纷的智能响应与处理。当游客和商家发生纠纷时，可以通过旅游服务APP向旅游主管部门发送纠纷处理申请。投诉及纠纷处理申请信息将通过mBeacon芯片基站网络发送到旅游主管部门信息管理平台，系统管理平台将自动定位纠纷处理申请信息发送者的位置，并将纠纷信息转发到距离纠纷处理申请信息发送地点最近的旅游执法人员的手持终端上，及时通知旅游执法人员到纠纷现场进行处理。根据纠纷处理结果，旅游管理部门可以将商家的纠纷次数、纠纷原因、处理结果等信息上传到系统并记录在案，这将影响商家的后续认证和评级。此外，所有游客都可以对商家的纠纷历史信息进行查看，作为是否购买其旅游服务产品的参考。

其次，该平台可以实现旅游服务商家的认证管理。旅游服务商家认证管理主要应用于旅游购物、餐饮、住宿、交通、景区、旅行社及导游等领域和环节，旅游景区及相关旅游服务商家通过安装 mBeacon 芯片基站可以申请进入 mBeacon 智慧旅游系统的认证网络。旅游管理部门可以根据旅游服务认证质量体系对申请商家进行全方位服务质量认证，认证通过后颁发认证电子证书并存储在商家 mBeacon 芯片基站，认证周期一般为 2~3 年。游客携带安装旅游服务 APP 的手机，即可查询 mBeacon 芯片基站信号范围内商家的认证情况及认证级别。凡是未通过认证的商家，旅游管理部门可以建议游客不要购买其旅游服务。游客可以根据这些信息进行有效甄别，获得更加优质的服务。

最后，该平台还可以向游客推送旅游商业信息，例如商品信息、特产介绍、打折活动等，促进消费者合理购买景区商品；同时，还可以基于该平台构建智慧云商平台，搭建景区商户线上平台，线上、线下同时服务，促进景区商业发展。

基于 mBeacon 技术还可以建设新疆旅游的游客互动平台。随着人们生活水平的提高以及对旅游服务的要求不断细化，仅仅是单向地向游客提供相关旅游服务，已经不能满足游客的需求。游客在游玩时，期望有更多的互动活动能够提高他们的旅游参与度。通过互动活动，也可以改善游客的旅游体验，使他们对旅游目的地有更加深入的了解，加深对该旅游目的地的感情，从而使该旅游目的地在游客中建立良好的口碑，有助于旅游目的地品牌形象的建立。

mBeacon 智慧旅游系统平台可以扩展出很多其他的商业功能，例如利用游客数量庞大、消费能力强等特点，采取消费积分返点活动，从而促进游客在进行一次消费后，通过积分返点活动再进行二次消费。凡是购买和佩戴 mBeacon 智能芯片的消费者的手机 APP 可以直接定制并收到商家促销信息，通过刷 mBeacon 芯片实地消费，个人便可作为会员享受积分返点。

此外，该平台能够实现游客对于该旅游目的地的评价与反馈，从而更好地帮助旅游目的地改善服务。游客通过安装旅游服务的手机 APP，可以对所购买的旅游购物、餐饮、住宿、交通、景区、旅行社和导游等商家的旅游服务发布评论和感想，对服务质量给出评价与评分。游客在购买商家服务之前，可以查看其他所有游客对此商家的评价和评分，获得参考。

总的来说，大数据环境下的智慧旅游平台建设，是将旅游数据特别是数据分析结果呈现给消费者的最佳方式，利用云商数据库的精确数据，通过科学的分析框架进行整合与再造，最终反馈到下载了新疆旅游 APP 或关注过公众号的消费者手中。智慧旅游平台是实现旅游数据资源最大化利用的最优途径，解决了新疆智慧旅游“最后一千米”的难题，让智慧的红利通过 mBeacon 技术真正落实到消费者群体。

5.7 打造新疆智慧旅游生态系统

在国务院发布的“十四五”旅游业发展规划中，发展智慧旅游是其基本原则之一。如何“坚持创新驱动、优质发展，服务构建新发展格局，创新体制机制，广泛应用先进科技，推动旅游业态、服务方式、消费模式和管理手段创新提升，发展智慧旅游”是全国各地区都需要进一步思考和统筹规划的。随着智慧旅游应用场景的不断深化，旅游产业也逐步由规模经济向平台经济、生态圈经济转变，智慧旅游生态系统就逐步成为一种重要的组织形态和发展趋势，也受到越来越多的学者以及各地政府的关注。

生态系统的概念最早来源于生态学，指在自然界的一定空间内，生物与环境构成的统一整体，在这个统一整体中，生物与环境之间相互影响、相互制约，并在一定时期内处于相对稳定的动态平衡状态。也就是说生态系统内的各个要素和环境相互依赖，并最终形成一个复杂的网络。在旅游管理的相关研究中，有学者讨论了智能技术以及旅游场景的数字化转型给旅游生态系统带来的变化。引用智能技术可以更加有效地建立不同节点之间的连接，加强各个节点之间的信息流动，从而构建一个更加高效和智能的网络。

智慧旅游信息生态系统是由旅游信息主体、信息、信息技术和信息环境等要素构成。信息主体指的是参与系统运行的个人、群体或者组织。信息主体在信息生态系统中占主导性地位，在信息资源运转中起着积极的能动作用。在智慧旅游生态系统中，可以按照信息主体在系统中的不同角色和不同目的进行分类，主要分为：旅游行政管理机构、景区景点、目的地商家以及游客。

旅游行政管理机构以政府为主体。智慧政府制定旅游相关的法律政策等，提供宏观角度的指导和部署，加快地区旅游资源的数字化进程和基础设施建设。同时，智慧政府协调旅游目的地、在线旅行社、电信公司和大数据分析公司等参与智慧旅游建设的各方利益相关者,推动智慧旅游生态系统的建设。新疆维吾尔自治区文化和旅游厅于 2019 年 12 月 2 日全面启动新疆智慧旅游一期项目建设工作。该项目着力构建“一中心、两平台”，即大数据中心，智慧旅游管理平台、智慧旅游营销及服务平台（“一部手机游新疆”平台），以信息化手段完成业态监管和市场监督，为管理者提供决策依据，为游客提供智慧服务。“一部手机游新疆”平台作为新疆文化旅游服务的官方平台和总入口，汇集了新疆文化和旅游优质资源，有利于旅游数字平台的建设，也有利于提升景区的管理水平，有效地推动新疆的旅游传播推广，实现游客服务体验的升级，促进新疆旅游业加速实现智能化、数字化的转变，助推旅游兴疆战略的实施。

目的地商家与景区景点主要是为游客提供相关的旅游服务，以及组织对旅游资源的传播和营销活动。智慧旅游的目的地商家通过智能技术在其内部实现交互，并借助智能技术升级和优化其服务水平。景区景点在政府的指导下加快其智慧旅游基础设施建设，发现现有产品和服务中的不足，确保为游客提供满足其需求的产品和服务，提高游客的旅行体验，在整个智慧旅游生态系统中充当利益相关者的协调者和促进者。目前，新疆各地都在加速依托大数据推进智慧旅游平台的建设，基于大数据分析，为游客提供智能化、人性化和多样化的服务。位于新疆博尔塔拉蒙古自治州的赛里木湖景区推出了“一部手机游赛湖”智慧旅游 APP，游客可通过 APP 邀请“金牌解说”进行景区游览引导，也可用 APP 中的“扫一扫”功能识别湖边的野花，了解野花的名字及特性。文化和旅游部资源开发司公布的 2021 年智慧旅游典型案例就有新疆昌吉回族自治州天山天池景区打造的智慧旅游服务引擎。天山天池景区从 2013 年开始逐步实施智慧景区信息化建设，累计投入资金近 4000 万元。一方面，景区借助智慧景区综合管理服务体系实现景区旅游资源的智慧化管理；另一方面，景区为游客提供更加智能的服务，例如线上预约购票、自助导游游览等服务，还可通过直播云游、AI 体验等系统丰富游客的旅游体验。

游客在智慧旅游生态系统中主要是为了获取行、食、住、游、娱和购六大便捷服务。在智慧旅游的场景下，游客的行为以及偏好也为智慧决策提供了信息支撑，进一步推动旅游服务的个性化以及数字化进程。同时，游客也会发挥自己在生态系统中的能动性，通过分享自己的数据以及使用智能技术，与系统中的其他利益相关者进行动态交互。一方面，游客通过大数据等形式向旅游目的地政府或者营销组织提供反馈信息，另一方面，游客通过分享，尤其是在社交媒体平台的分享影响更多潜在消费者。

新疆智慧旅游生态系统的建设目前已初步完成，在智慧化、数字化的基础设施建设，以及应用方面已经初见成效。但是智慧旅游生态系统的建设是一个需要长期投入的过程，对于参与新疆智慧旅游的各个主体来说，需要加深生态化治理的理念，加强各个主体之间长期的信息交流、信息分享，形成一个互动的、双向的信息循环，系统内的运作规律不断地进化、发展，最终形成一个平衡的生态系统。

5.8 实例分享：一部手机游新疆

2020 年“一部手机游新疆”平台上线。该平台的建设主要是为了解决游客旅游过程中获取信息不及时、不全面等问题，解决“游前、游中、游后”的智能信息化问题。该平台的建设融合了云计算、大数据、物联网、人工智能、5G 和慢直播等技术应用，旨在打造一个旅游大数据中心、智慧旅游管理平台、游客服务及营销平台，从而实现游客一部手机游新疆的目的。

“一部手机游新疆”平台是新疆维吾尔自治区官方旅游服务总入口，以微信小程序为核心载体，整合了 14 个地州、500 余家景区和多个文旅企业的旅游资源，打造一个自治区级的旅游服务体系。平台提供了丰富的旅游资讯、个性化产品以及前沿化科技，并进行多维度、全方面、立体化的整合，为游客提供“吃、住、行、游、购、娱”全要素智慧文化旅游服务，满足游客全方位旅行需求。游客可以通过该平台进行预约购票、酒店预订、电子导览、游玩攻略和旅游投诉。该平台的建立提供了一站式的旅游服务，建立了“全疆旅游一张网、一码游遍新疆”的旅游新模式。

“一部手机游新疆”平台的上线开启了新疆文化旅游的智慧新玩法。一方面，随着互联网技术的发展，尤其是社交平台的普及，越来越多的游客会在旅行前通过平台的查攻略服务，并参与其他游客的旅行路线来制定旅行攻略。另一方面，平台根据旅游资源的地理位置、特色、旅行方式等因素提供了不同的精品旅游路线，游客也可以根据自己的实际情况选择适合自己的路线。同时，平台还提供了“智能行程”服务，利用现有的经验算法和自有标签体系，为游客规划定制专业、实用又贴心的旅行攻略，避免游客个人规划行程的麻烦，充分体现了平台智慧旅游特色，从而增加了游客对于新疆旅游的好感度。平台中的“全景漫游”服务实现了虚拟场景与现实场景的叠加交互，形成对游客的视觉冲击；游客可以通过“慢直播”服务，24 小时在线观看新疆直播美景；“城市名片”服务可以向游客展现城市品牌形象和文化内涵。平台提供的这些服务都是建立在数字化、智慧化推动的基础上，帮助游客在“游前”更好地了解新疆（图 5–2）。

图 5-2　一部手机游新疆

在旅行的过程中，景区游览和酒店住宿对于游客来说是旅途中最关注的两个问题。“游新疆”的景区导游导览服务通过 5G、VR、AR 等技术应用，可以查询游览攻略、景点图集、景点线路导游。游客选择希望游览的景区之后，平台会提供景区的名片、景区的详情以及景点地图，同时提供个性化语音服务以及景点解说。游客还能享受导览订餐、酒店预订、购买纪念品等服务。不仅如此，预订机票、购买电子门票、目的地搜索等功能都可以在平台上一站式完成。平台也提供了“找美食”服务，让游客快速发现游览地区的特色美食、网红打卡餐厅、音乐餐厅等，多个类型的美食、餐馆应有尽有，并且在平台上可以实现一键导航，真正实现了游客一部手机游新疆的目的。在平台中，游客可以选择“看演出”“文化馆”“博物馆”“非遗品”等服务，这些服务将旅游和文化相结合，推动数字化视域下的文旅结合，帮助游客全方位、多角度地了解新疆的文化，同时拓展了文旅融合功能所激活的智慧旅游的存量和流量，赋予文旅融合助推智慧旅游发展更多的现实意义。

游客在旅行过后还可以在平台上的“时光”栏目进行旅行分享。通过图片、文字等形式生动形象地展示自己的旅游体验。游客的旅行分享可以为计划去新疆旅游的游客提供旅行攻略和建议，充分发挥了游客在智慧旅游生态系统中的能动性作用。

“一部手机游新疆”平台的建设是推动新疆旅游业数字化转型的重大决策，是大数据时代推进新疆智慧旅游的有益探索。通过构建智慧旅游平台，推动新疆智慧旅游体系的建设，有益于全面构建“新疆是个好地方”的文化和旅游品牌，吸引全国各地的游客打卡新疆，促进新疆旅游业的繁荣与发展。

6　新疆旅游新业态的发展

6.1　新疆特色旅游产品

在旅游兴疆战略的指导下，新疆在推动各种特色旅游发展的道路上成绩斐然，文化、民俗、研学、古道、乡村、冰雪、康养、自驾和智慧旅游携手并进，大量与之相关的特色旅游广受游客欢迎。党的十八大以来，自治区各级深入实施旅游兴疆战略，推动新疆由旅游资源大区向旅游经济强区转变，充分发挥自身优势，开发独特旅游产品体系，在产品数量和特色上都出类拔萃。

就商品类旅游产品而言，乌什县沙棘饮料、柯坪县木勺、阿瓦提县穆萨莱斯（葡萄酒）、温宿县富硒大米、可可托海矿石工艺品和热瓦普（手工乐器）等结合地域特色和文化特色的文旅产品受到游客的广泛关注和喜爱。2022年，新疆的特色产品亮相中国国际旅游交易会和亚欧博览会等各大展会，数百款产品涵盖饮食、文创、非遗和玉石等相关内容，为旅游产业交出了亮眼的成绩单。在旅游路线上，新疆也陆续推出红色精品十大旅游线路、学生暑期十大精品线路、丝绸古道旅游十大精品线路等旅游线路，满足游客不同层次的需求。例如学生暑期十大精品线路，包括云游首府·相约昆仑一日游、近郊乡村·垄上行两日游、喀什风情体验三日游、星空露营大海道穿越行摄三日游、跨越天山之巅独库自驾五日游、草原花海行摄五日游、闯荡疆湖五日游、童话世界·研学慢游行摄五日游、北疆自驾旅拍五日游与南疆风情探秘六日游，涉及文化体验、乡村民宿、休闲避暑、亲子研学、工业创意、野外露营、美食品味、户外越野、行摄旅拍、网红打卡与红色旅游等领域，结合不同地域的特色和优势，解决了学生暑期不同类型的出行需求。服务项目方面，有“复古”滑雪竞技、冬捕活动、温泉疗养、冰雪摄影等与冬奥主题结合的冰雪产品；有葡萄沟810米生态长廊、喀纳斯“晨漂”、库木塔格沙漠越野、巴扎、赛马、叼羊（图 6–1）等新业态新产品；有《守望那拉提》《吐鲁番盛典》等剧目演出产品和天山天池冰雪风情节、那拉提草原文化旅游节、托木尔文化旅游节、萨吾尔风筝节等旅游活动，这些各具特色的旅游项目都令人流连忘返。

图 6-1　冬季叼羊

在特色产品开发的进程中，智慧旅游与文旅产品的结合更是新疆特色旅游产品的新气象。AR、VR（图 6–2）、AI、虚拟现实和全息投影等高新数字技术不断应用于新疆传统的文化资源和旅游资源之中，各大博物馆开始借助全息投影、虚拟现实等多媒体技术，为游客提供沉浸式、互动式、高品质的参观体验。北庭故城、交河故城将古西域文化和数字技术联系起来，利用数字场景连接古代与现代、人与物，进一步提升游览体验；新疆镶文化产业园利用 AR/VR 技术还原新疆饮食制作场景，增强了游客的体验感，集中展示产品并进行销售。丰富的文化和自然资源、数字赋能文旅融合的开发方式，使新疆不断打造出具有特色的优质旅游产品，带动新疆旅游业态的新发展。

图 6-2　VR 技术

6.2 新疆旅游产业结构

旅游产业结构是一个适合“市场化的政府主导”旅游业下的“中国化”的名词。学者们主要从两个角度对旅游产业结构的概念进行框定，一是在游客角度，将旅游地区结构、旅游产品结构、旅游行业结构囊括其中；二是基于旅游行业依赖性视角，认为旅游产业结构是为满足游客需求而提供产品或服务的旅游产业内部各个行业之间的联系与比例关系。在实际研究中，对后者的界定和核算更为主流，能通过单一指数、复合指数或指标体系法对旅游产业结构进行测度。

从经济结构看，新疆以第三产业为主，新疆服务业保持着较快增长且占比较高，对全区经济社会发展的支撑与拉动作用显著。例如，2021 年新疆地区生产总值 15983.65 亿元，按可比价格计算，比上年增长 7.0%，其中第三产业增加值为 7660.23 亿元，同比增长 6.90%，占全年产业增加值的比重达 47.9%。而作为国民经济体系中第三产业下属的一个重要组成部分，旅游业在新疆的产业结构中有着重要的地位，是经济增长的重要途径。2021 年新疆接待国内游客 1.9 亿人次，比上年增长 20.5%，实现旅游收入 1415.69 亿元，比上年增长 42.7%。在旅游业相关的子行业中，新疆所属的西北地区旅游业在全国具有绝对发展优势，表现出良好的发展潜力，并且旅游业已从“产业结构与竞争力双向驱动阶段”逐步转变为“产业结构单向驱动阶段”。

据《中国文化文物和旅游统计年鉴 2021》数据，2020 年新疆共有 A 级景区 507 个，直接从业人员 2.33 万人，产业发展良好；共有旅行社机构 657 个，直接从业人员 2690 人，仍有较大发展潜力；有星级饭店 346 家，从业人员 1.41 万人，总营业收入 18.14 亿元，在西部地区居于前列。

6.3 “旅游 + 交通”融和发展

2016 年 12 月，国务院印发的《“十三五”旅游业发展规划》中就已指出，要以转型升级和提质增效为主题，以推动全域旅游发展为主线，加快推进旅游业供给侧结构性改革，将旅游业培育成为经济转型升级的重要推动力。新疆具有丰富的旅游资源，旅游业发展的动能优势巨大，对这一支柱产业进行的供给侧改革有效地驱动了新疆旅游业的发展。旅游业发展的重中之重在于为游客提供立体化交通保障的基础设施和公共服务体系建设，只有全面构建好立体化的交通网络，才能在土地辽阔、地形复杂的新疆推动全域旅游，让游客更好地领略新疆旅游的魅力所在，让相关产业更好地在旅游业的辐射下得到发展。

党的十八大以来，特别是“十三五”以后，为深化供给侧改革，新疆大力推动基础设施体系建设，累计完成超过 5800 亿元投资以推动综合交通网络体系的建设。力求通过构筑“快进慢游”的旅游交通网络方式，立足解决“旅长游短”问题，最终实现“疆内环起来、进出疆快起来”的目标，并改善“三难一不畅”（上厕所难、停车难、加油难、通信信号不畅）的旅游业发展问题。据《新疆日报》（2022）统计，截至 2022 年 8 月，新疆铁路营运里程达到 8768 千米，世界首个沙漠铁路环线贯通；公路路网总里程达到 21.73 万千米，10 年内新增 6.22 万千米，所有的州市迈入高速公路时代；投入使用的民用机场总数达 25 个，数量居全国第一。

在铁路建设方面，“三出疆（中部兰新线、北部临哈线、南部格库线）、两环（北疆、南疆环线）、两对外（阿拉山口、霍尔果斯口岸）”的路网格局基本形成，兰新客运专线接入高铁网。至 2021 年末，已有 15 个县市实现列车公交化开行，打造了以乌鲁木齐为中心的铁路交通圈，从新疆乘坐火车可抵达北京、上海、广州、济南和西安等 20 余个国内主要城市。2022 年 7 月 25 日，首列“喀什号”列车开始运行，该条线路将喀什纳入以乌鲁木齐为中心的 12 小时交通圈，令两地旅时由过去的 23 小时左右缩短到 11 小时左右，有效拉近了南疆与北疆的时空距离，为新疆由旅游资源大区向旅游经济强区转变增添动力，彰显了“旅游 + 铁路”模式的强大活力。除此之外，新疆铁路部门已开行“新东方快车”、南北疆环游、畅览南疆等旅游专列，最大限度推动铁路部门对旅游行业的保障。在国际领域，新疆双口岸的中欧（中亚）班列开行规模稳步增长，开行质量进一步提升。经阿拉山口口岸通行班列主要线路达 28 条，可到达德国、波兰、比利时和俄罗斯等 20 多个国家；经霍尔果斯口岸通行班列主要线路达 29 条，可到达乌兹别克斯坦、波兰、德国等 18 个国家和地区，极大地促进了中国与沿线国家的经贸合作。

在公路建设方面，南、北、中三大高速通道全面建成，交通路网水平显著提升， 其中，环准噶尔盆地高速（一级）公路已经建成，环塔里木盆地高速（一级）公路全面建成，第三条穿越塔克拉玛干沙漠公路已建成通车，第二条进出疆大通道G7京新高速已全线贯通，第三条进出疆大通道G0612依若高速公路通车。高速公路已通达所有地州市，全部连通县级辖区二级以上公路，全区所有乡镇和具备条件的建制村通硬化路。伴随不断完善的公路交通网络，新疆更进一步地升级综合性服务公路保障体系。当前，全区已建高速公路全部实现对3A级以上景区的旅游标识指引，并按照规范设置应急救援电话标识，以建成部分公路观景台、收费站及服务区信息发布平台、新疆路况信息发布平台，全区集收费快速通行服务、出行停靠休憩服务、公路养护服务、应急救援服务和标识标牌指引服务、通行指引信息服务和出行气象信息服务等为一体的公路服务保障体系初显雏形。

在航空建设方面，多层次、多功能航空运输体系正在加快构建，航线网络布局日益完善，快捷的“空中公交”网基本形成。新疆航空的整体格局已从十年前的以乌鲁木齐地窝堡国际机场为单核心的航空枢纽，逐渐发展为以乌鲁木齐为中心，以喀什、库尔勒、和田、阿克苏等机场为互补中心的航空网络布局形式。当前，民航部门不断完善机场网络布局，强化民航基础设施建设，全疆旅客吞吐量最高达3758万人次，货邮吞吐量最高达21.7万吨，经济社会贡献率显著提高，促使“疆内环起来、进出疆快起来”目标加快形成。

“十四五”期间，新疆将进一步推动“铁公机”基础设施建设，升级立体交通体系，支撑“旅游＋交通”深度融合发展，并定下深度发展规划：铁路方面，力争“十四五”末铁路营业及建设里程达到1万千米，形成“一轴、三出疆、四环、两对外”的路网格局。公路方面，实现丝绸之路经济带北通道、南通道全面高速化，中通道能力大幅提升；北疆环准噶尔盆地、南疆环塔里木盆地全面高速化，南北疆大通道加快建设；除塔什库尔干县以外，实现所有县市通高速（一级）公路和3A级以上旅游景区高速（一级）公路全覆盖；除都拉塔、卡拉苏、红其拉甫口岸外，常年开通的口岸实现高速（一级）公路连通。民用航空方面，实现全疆机场年旅客运输量达5300万人次，通航城市达到170个以上，全疆机场航班平均放行正常率保持在85%以上，且在新疆设立分公司级以上的基地航空公司总数达到5家，最终为新疆加快“一带一路”丝绸之路经济带核心区交通枢纽中心建设，实施旅游兴疆战略提供强有力的支撑。

6.4 文化旅游深度融合

产业融合概念可追溯到由美国学者卢森伯格在对美国机械设备业演化的研究中所提出的技术融合（Technological Convergence）的概念。从20世纪70年代开始，大量从技术角度研究计算机业、电信业、广播电视业和出版业之间的产业融合的研究，因计算机技术的进一步发展而不断涌现。20世纪90年代以来，以信息技术为中心的高新技术发展迅速，信息与互联网技术促使产业形态不断变化，新的产业形态开始浮现，从经济的角度来看，市场与市场、产业与产业之间的边界开始逐渐变得模糊。作为面向消费者的服务型产业，旅游与文化相互依存，在技术之外仍有更加广泛的区域和更大的意义去进行互相融合，旅游因为文化的渗透而变得丰富多彩、富有品位。旅游为文化的交流和传播提供了平台，为文化资源的开发提供了载体，这为文化旅游产业的发展提供了广阔空间和潜力。因此，从价值链的角度来说，旅游产业发展需要注入文化元素以实现产业融合，并扩大自身价值。

近年来，随着文化旅游产业的进一步快速发展，国家政策和发展潮流均要求文化与旅游产业进行深度融合。早在2009年，原文化部和国家旅游局就共同颁发了《关于促进文化与旅游结合发展的指导意见》，其中就表示在未来的旅游行业中将以文化作为核心的引导，以旅游作为载体进行融合。2018年3月，中共中央印发的《深化党和国务院机构改革方案》中确定，整合文化部、国家旅游局的职责，组建文化和旅游部作为国务院组成部门，取消文化部、国家旅游局。这是近20年内，旅游管理制度出现的最大改革，也是在国家高级设计层面认可了文化和旅游结合的表现。在文化和旅游部建立后，国家围绕打造国家特色文化旅游系列品牌和开发具有地方文化特色的旅游品牌等方面出台了一系列具体措施，为万亿元文旅投资带来机遇期，这为文旅深层次融合发展提供了强有力的外部保障，也为新疆文旅结合的实践打下了坚实基础。

在具体实践中，新疆的旅游产业和文化产业相辅相成，在二者发展中逐渐相互渗透、融合，并构筑了因地制宜的几大特色模式：

（1）物质文化遗产依托型的“吐鲁番模式”

吐鲁番利用其独特的区域交通优势，充分挖掘文化遗产的经济性，例如古民居等本身除了具有观赏性，还有着住宿、餐饮等功能，被作为多功能的载体融入旅游产业中（图 6–3）。在模式上其以丰富的文化遗产带动旅游产业的发展，同时以旅游业来推动物质文化遗产的开发和保护，从而达到地方经济发展的双赢。

图 6-3　吐鲁番葡萄沟

（2）军垦文化带动型的“石河子模式”

伴随着红色旅游和爱国主义教育在国内掀起的新浪潮，石河子市的军垦文化与旅游产业相互借力发展，将“军垦文化”“兵团精神”融入旅游开发中，形成了人文景点与红色文化有机结合的旅游格局。

（3）民俗文化主导型的“喀什模式”

作为“维吾尔风情之都”，喀什主要以民族文化遗迹、特色农家乐、风情园和中西亚国际大巴扎为载体，开展以民俗风情、传统工艺、歌舞表演等体验为主的民俗文化主导型旅游模式（图 6–4）。该模式充分展现了喀什地区少数民族的优秀传统文化，有效地促进对区域少数民族民俗文化的保护，更增强了当地少数民族对中华民族的认同感和自豪感，对于喀什及新疆地区的长治久安有重要意义。

图 6-4　古城喀什

（4）生态休闲文化型的“伊犁模式”

作为享有“中亚绿洲”“塞外江南”“天马故乡”佳誉的地区，伊犁地区气候湿润，夏季凉爽，景色优美，空气质量优，可满足旅客对于目的地生态环境的高标准要求，同时建筑文化、草原文化、民俗文化等各类文化汇聚能够满足游客对旅游活动中内涵及体验的需求。其旅游资源的品牌优势是融合模式发展的基础。那拉提草原、喀拉峻景区等国内外知名旅游景区，天马节、薰衣草节等众多节事活动，结合包括自然景观（草原、河湖、雪山、森林），清代历史遗迹和少数民族民俗等人文景观在内的多种旅游资源，为伊犁地区打开了广阔的旅游市场。

当前，新疆进一步推动文化与旅游产业进行更深度的融合，从 2017 年开始，文化和旅游产业已呈现跨越式高速发展。在原有融合模式的基础上，采用“文旅＋科技”的转型路径。景区里打造线上旅游业态，例如利用 VR 影音技术打造具有新疆本土元素的飞行影院、5G+VR 全景慢直播，游客通过云端传输的实时影像，实现“云”上赏景，增加景区数字消费收入；景区外则捕捉文旅消费新方向，主动和流量庞大的互联网企业开展合作，参与创造出《新丝绸之路》《国家宝藏》等一系列优质“文化 IP”，盘活了文化资源，挖掘出了新兴消费潜力，力求以文塑旅，以旅彰文。充分利用本地特色文化、旅游资源，通过构建数字文旅大平台，提升数字文旅产品供给质量，并通过政策扶持本地数字文旅企业以及抓好文旅人才队伍的建设等措施，推动新疆发展成为高品质旅游目的地，使得本地资源优势转化为产业优势，最终实现新疆文旅产业数字化转型升级。

6.5　夜间旅游经济综合体

由于地理位置造成的时差，当中国东部地区的人们进入梦乡时，新疆的大多数地区刚进入夜晚，这造就了新疆发展夜间经济的优势。自治区人民政府办公厅印发了《自治区关于发展夜间经济促进消费增长的实施意见》，旨在推动新疆夜间经济的繁荣发展，增强新疆夜间经济的吸金能力。

随着经济社会发展，夜间经济被赋予新的内容和含义。夜间经济不是“啤酒＋烧烤”的简单组合，而是文化、科技、艺术的集中体现，是拉动国民经济、提升城市魅力的重要一环。夜间经济有利于拉动国民经济增长。夜间经济以旅游业等中高端服务业为核心产业，这种劳动密集型服务业不仅能够吸收大量劳动力，提高就业率，更易形成以旅游、休闲、娱乐为主的产业链，从而带动餐饮、酒店、交通等诸多相关产业协同发展，促进国民经济产业结构优化升级。2022 年以来，新疆围绕“吃、购、游、娱”等内容，开展“夜食”“夜购”“夜展”“夜游”等业态多元的夜间休闲消费活动，各地的夜间经济持续升温（图 6–5）。

图 6-5　奇台夜市

6.5.1 新疆夜间经济的发展基础

夜间经济与“深夜食堂”这几个概念密切相关，新疆的夏季夜间天气凉爽，最适宜发展户外夜间经济活动项目。《自治区关于发展夜间经济促进消费增长的实施意见》提出，以打造“夜美新疆”为主题，着力发展“时尚活力型、商旅融合发展型、便民服务型”夜间经济形态，建设一批夜间经济载体，营造开放、有序、活跃、高品质的夜间经济环境，推动各地州市加快形成夜间经济体系，促进全区经济持续健康发展。新疆由于地域差异造成的与东部地区不同的时差特点和生活习惯，造就了新疆夏季“夜市文化”的繁荣发展。近几年，新疆社会大局持续稳定，人们的精神生活面貌也得到了极大的改善。尤以活跃在各行各业的新疆各界艺术文化名人为代表，他们的出现使得全国人民对新疆的认知度和好感度大幅上升，从而推动旅游业出现了“井喷式”的增长，同时，也为繁荣和发展新疆夜间经济市场带来了巨大的发展潜力和时间优势。

中国旅游研究院院长戴斌认为，城市是市民的城市，乡村是村民的乡村，政府和公共机构的首要职责是提升本地居民的生活品质和幸福感。只有本地居民生活幸福了，外来游客才会愿意到访并分享。优秀的全域旅游目的地一定是主客共享的美好生活空间，世界上断没有那种本地人不幸福、外来游客却很满意的旅游目的地。新疆的夜间经济需要三维立体式的发展，不仅要在区域和空间上作延伸，同时需要向时间要资源，将有限的时间与有限的资源相结合，才能迸发出新的能量，创造新的可能，带来新的体验！城市夜间经济的发展也是对当地政府治理体系和治理能力的一种考验，是需要在政府规划和引导下的一种和谐有序的发展，需要多方努力和配合才能完成。话剧、舞台剧、戏剧节等艺术形式也是繁荣夜间经济发展的一个重要补充，是对市民文化业余生活的一种丰富，是城市人文关怀的一种新体现。各地夜市的开放、乌鲁木齐国际大巴扎、新疆大剧院和各地院剧团等纷纷推出一系列的歌舞表演，也是对城市夜间游览活动的一种精神文化填补，延长了游览时间，同时也提高了旅游收入，真正做到了时间和空间延伸的有机结合。一个城市夜间经济的繁荣发展，首先要依托本地市民的需求；其次才是服务于外来游客。将本地市民的城市荣誉感和获得感提升了，将全体市民都打造为旅游宣传员，才能更好地做好城市旅游宣传服务工作。

6.5.2 新疆发展夜间经济采取的措施

根据《自治区关于发展夜间经济促进消费增长的实施意见》，新疆将打造提升一批示范性强的夜间经济街区，以大型购物中心（图 6–6）、特色美食街区、著名旅游景点等为中心布局夜间经济业态。新疆还将依托体育场馆、图书馆、博物馆、电影院和公园演艺游乐场等，打造文旅消费型示范区。依托可用于夜间消费的街道里巷、封闭市场，以及空置商业设施、闲置厂房等，打造百姓生活型示范区。除此之外，城市商场、购物中心、文化娱乐等场所还可根据实际需求适当延长营业时间。

图 6-6　购物中心

6.5.3 新疆发展夜间经济综合体的具体实践

吉木萨尔县隶属新疆维吾尔自治区昌吉回族自治州，2022 年 5 月 1 日起，吉木萨尔县打造的“夜色北庭”品牌拉开了当地夜间经济的大幕，一系列夜间经济特色活动构建起“点、线、面”结合的立体消费模式。近年来，吉木萨尔县坚持把发展夜间经济作为促进消费转型升级、提升城市品位、推动文旅融合的重点工作，持续发力推进。全县依托现有商圈、特色街区、城市综合体、文体场馆和旅游景点等，合理布局居民夜间消费休闲场所。吉木萨尔县委领导表示，吉木萨尔县将以“打造4个特色美食街区、提升5个夜间景点、建成5个文娱消费示范点、打响十大节庆活动品牌”为重点，积极推动夜经济集聚区、夜经济示范区建设。

从传统单一的夜间餐饮，发展为餐饮、文化演出、休闲娱乐等多种业态，夜间消费有了越来越多的选择，“夜经济”也变得越发多元化。在由新疆国际会展中心打造的“会展星天地”中，饕餮风味、童趣乐园、星光篮球场、超级舞台、汽车影院和后备厢集市等六大板块满足了市民多方位的消费需求，成为集食、游、购、娱、体、展、演等多种业态为一体的夜间经济综合体。

2022年，乌鲁木齐市大力发展以“新疆是个好地方　丝路明珠不夜城”为主题的夜间经济，建成2个夜间经济核心区，创建8个夜间经济示范区，培育9个夜间经济集聚区，提升7个特色夜市街区，并打造一批“深夜食堂一条街”。除了新建的夜间经济综合体，乌鲁木齐市自2022年以来不断对原有的夜市进行升级改造，培育出更具特色的夜间经济集聚区，激活城市消费活力。天山区的日月星光步行街、乌鲁木齐市首个彩色错层集装箱小镇已建成并投入使用。小镇全长约150米，经营约130间商铺，被打造成餐饮、休闲、娱乐特色区，购物、观光、民俗文化特色区以及饮食文化、风味小吃、网红打卡特色区，同时，该项目还对原有市场进行升级，带动300余人就业。

6.6　“旅游 + 农业”赋能新疆乡村振兴

乡村要振兴，物质基础是产业振兴。对于农民来说，能满足因地制宜、循序渐进、绿色安全且稳定优质的特色乡村产业就是好的产业，而乡村旅游业的发展正好达到了这一要求。新疆乡村旅游业的发展不仅能够保证农民的种植养殖需求，同时也可为农民提供更多的收入。在党中央的领导下，新疆维吾尔自治区在2020年末实现了全面脱贫目标，巩固脱贫成果将是未来继续努力的方向。作为较有特色的新疆乡村旅游业，未来其必将成为巩固脱贫成果的重要载体。在国家大力发展乡村振兴的背景下，自治区于2017年1月发布《新疆维吾尔自治区乡村旅游促进办法》，指出将乡村旅游业纳入新农村建设整体布局当中，要依靠自然风光、自然资源以及当地民宿风情，建设特色乡村旅游业，合理布局规划，使自然资源可持续发展。

6.6.1 “旅游 + 农业”融合带动了相关产业的发展

“旅游 + 农业”融合是乡村振兴新模式，通过发展旅游，培育农旅融合产业，开发农业农村生态资源及乡村民俗文化，促进农业产业链延伸、价值链提升、增收链拓宽，带动农民增收、农村发展和农业升级，从而很好地解决“三农”问题。新疆具有自然资源优势、农产品优势、历史文化优势和民俗风情优势，目前新疆农旅融合发展正处于新业态。近年来，新疆观光农业的兴起推动了农业产业结构转型升级和农业旅游的繁荣发展，实现了“以农促旅”和“以旅促农”双向互动，实现了农业和观光旅游的共赢，为带动农民致富增收提供了有效路径。发展旅游业提高了当地居民的经济收入，也促进了地区经济发展。除此之外，由于景区开发和乡村旅游的开展需要占用土地，农民可以通过土地流转获得租金收入、受雇聘用种地获得经济收入，还可以通过培训参与旅游服务管理，增加其家庭总收入，提高家庭生活水平，引领农民走向致富道路。

和田地区英吾斯塘村的村民在进行采访时谈到“我们依托本地的农业设施种植我们特色产品玫瑰花，现在有 500 亩玫瑰花，假如在一年后发展成 1000 亩的话，通过政府引导和投资，从粗加工往深加工引入，我们就可以做玫瑰馕、玫瑰花饼、玫瑰精油……”（图 6–7）。由此，大片玫瑰花基地不仅可作观赏获得旅游收入，还可延长产业链，促进产品多样化，带动相关产业的发展。同时，在农业旅游景点附近，还带动了民宿等服务业的发展。旅游业和相关产业发展促进了就业，为农民致富增收提供了有益途径。

图 6–7　和田玫瑰花茶

6.6.2 基础设施的完善和村容村貌的改善助力旅游富民

基础设施建设是发展旅游业的硬性资本。近年来，新疆旅游基础设施不断完善，提高了旅游接待水平，促进了旅游业发展稳步前进，为旅游赋能乡村振兴提供了必要条件。喀什地区的英吾斯塘村根据乡村振兴的具体实施方案，结合自身实际确定发展旅游主导类，明确乡村旅游和特色文化发展方向，积极打造重点旅游村，为了使硬件设施达标，目前正在建设星级景区，以及能够容纳 200 辆车辆的停车场等。该村还积极进行了环境整治，对相关人员进行培训，组成专门的管理队伍，使用机器化设备清扫垃圾，并计划借助股份经济合作社来收集废旧物资，发展有关废旧物资循环利用方面的产品。

新疆发展乡村旅游，通过整合和吸引资金，不断完善基础设施。例如，喀什地区英吉沙县芒辛镇恰克日库依村工作队申请了山东省援疆项目资金，统一在沿街村民的外墙上镶嵌土陶制品，形成了独具特色的景观，修建了停车场和游客休息室等，乡村旅游公共服务体系得到进一步完善，游客量不断增加。“土陶村”一年来共接待游客 3 万多人，旅游收入高达 120 万元。墨玉县扎瓦镇英吾斯塘村主要依靠青芦湾景区重点打造成为旅游村，接受了北京援建、朝阳区资金、扶贫资金和社会帮扶资金。该村从 2019 年开始也积极协调各级力量，与其他行业部门一起建造了一个电影院，还准备再建造一个展览馆，希望通过不断改善旅游基础设施和村容村貌，提高当地旅游接待水平，吸引更多游客前来体验，为旅游赋能乡村振兴提供助力。

6.7 全域旅游带动多产业融合发展

全域旅游融合了“创新、协调、绿色、开放、共享”五大发展理念，从整体的角度出发，将整个区域作为一个整体，整合区域内的所有资源，多产业融合发展，以实现全社会的利益共享。2017 年李克强总理在政府工作报告中提出，要大力发展乡村、休闲、全域旅游。全域旅游成为国家战略和经济发展的重要引擎。迅速增长的国民经济催生了大众旅游需求多元化的转变，传统单一的旅游产品及发展模式已经无法满足现阶段旅游发展趋势，亟须通过“旅游 +”多产业融合发展的方式对目的地旅游资源的存量和增量进行深入挖掘，创新发展旅游新业态，迎接全域旅游新时代。

为贯彻落实新疆维吾尔自治区党委“1+3+3+ 改革开放”战略部署，全面实施旅游兴疆战略，各地州市、各级政府部门、企业和旅游景区等不断务实合作，全域旅游示范区创建工作也在不同程度地推进，在旅游与产业融合发展方面采取了一系列举措，取得了阶段性成果。昌吉回族自治州积极推进全域旅游示范区创建工作，召开全州文广系统和旅游工作会，按照自治区文旅厅的工作要点布置重点任务。木垒县全力筹备国家全域旅游示范区验收工作，阜康市、吉木萨尔县也已加快创建步伐。阿克苏地区编制完成了《阿克苏地区全域旅游发展规划》，积极引导鼓励有条件的县市开展自治区级、国家级全域旅游示范区创建工作。喀什地区完善地区全域旅游服务中心办理边境通行证、旅游咨询、景区票务、汽车租赁、购物和自驾游“一卡通”等功能，推进“一部手机游喀什”智慧旅游系统建设，提供全方位、一站式旅游综合服务。

6.7.1 “旅游 +”新业态不断涌现

新疆持续推动旅游产业发展，大力实施“旅游 +”战略。各地通过推动旅游与文化、交通、航空、体育、康养和农业等融合发展，房车旅游、低空旅游等旅游新业态不断涌现，新疆“旅游 +”的广度与深度不断延展。新疆丰富的旅游资源为“旅游 + 文化”的融合创造了条件，各地重点打造了民俗文化旅游、历史文化旅游以及文化演艺等品牌；“旅游 + 航空”异军突起，低空旅游产品实现突破；“旅游 + 交通”方兴未艾，出台了《关于促进自驾车房车营地建设和管理工作方案》，推进全疆自驾游服务体系建设；“旅游 + 体育”不断深入，出台了《关于进一步推动体育旅游产业发展的实施意见》，培育体育旅游新业态；“旅游 + 康养”（图 6–4）引人关注，出台了《自治区康养旅游产业发展实施意见》，明确了新疆康养旅游发展的基本路径与方向。此外，新疆旅游正朝着从“一季游”向“四季游”的目标迈进，四季旅游发展不平衡现象有所减弱，春季花海游、夏季壮美游、秋季丰收游、冬季冰雪游，新疆一些传统的夏季热点景区正着力推进供给侧结构性改革，规划冬游项目，“冰雪 +”旅游取得重大发展。

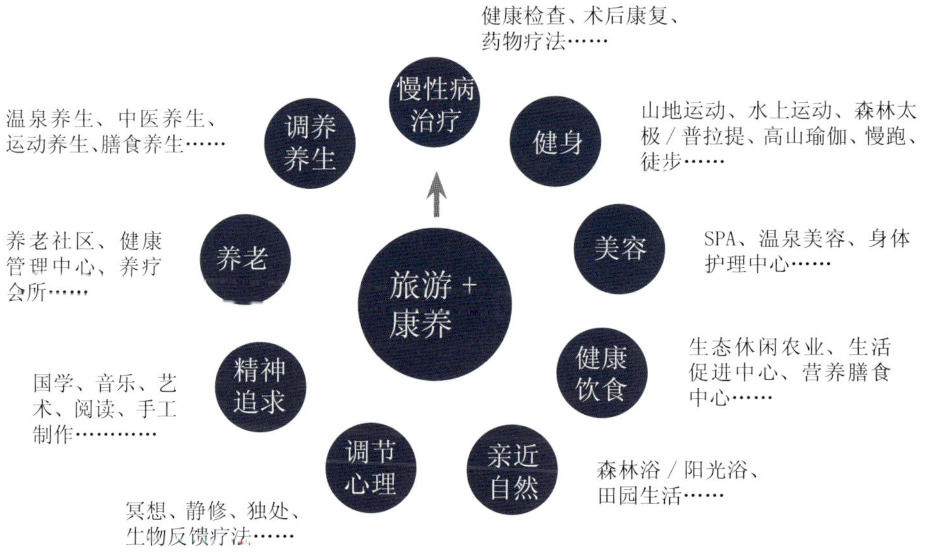

图 6-4　“旅游 + 康养”

6.7.2　宣传推广手段的不断创新助力建立跨区域旅游联盟

新疆近年来不断提升旅游宣传推广效能，统筹疆内外以及线上线下运用新技术、新媒体、新手段，旅游营销网络逐步完善。2019 年，新疆到国内其他省区市举办宣传推介营销活动 50 余次，覆盖了 19 个援疆省市以及其他省区市，组织了 11 个地州市参加北京世园会“新疆日”的旅游专场推介会。一系列旅游推广活动，让更多的人感受到“新疆是个好地方”，领略大美新疆的无穷魅力。如今，新疆各种产品营销、体验营销、事件营销等宣传推广活动层出不穷，各地抓住游客对新疆冰雪、民俗文化、沙漠和民宿等特色旅游资源的向往，在“一地一策”“一季一策”上下功夫，有针对性地调整旅游宣传营销方案，吸引八方游客。此外，新疆各地还加强相互合作，组建了多个跨区域旅游联盟，跨地州市、跨区域的旅游联盟不断涌现，让新疆的好风景连起来。“网红公路”——独库公路成立了新疆独库公路旅游营销联盟，形成穿越南北疆的全域旅游线路。北疆东线区域合作旅游联盟、“乌昌吐石克”（乌鲁木齐、昌吉、吐鲁番、石河子、克拉玛依）五地旅游联盟等跨区域旅游联盟相继建立，助力构建全域旅游大格局。

7 数字时代新疆旅游产业发展策略

7.1 把握数字时代的旅游需求

随着数字时代的到来，人们的旅游消费需求旺盛，旅游业将进入快速增长阶段。同时，由于旅游产品大多属于名胜古迹、名山秀水、地方文化特色等传统产品，新型旅游产品、深度旅游产品、订制化旅游产品还比较少，未来发展的空间也将非常大。当前人们对于外出娱乐的热情高涨，多个行业会迎来爆发式消费增长，未来旅游业仍将成为人们持续旺盛的需求之一。

数字时代的到来为旅游目的地及景区品牌的发展提供了新契机。新疆地域广阔，区位条件独特，旅游资源丰富，民俗风情浓郁，是我国旅游业发展的重要战略区。对于新疆而言，关注大众旅游的新变化，把握住数字时代人们的旅游需求，打造契合大众需求、符合市场趋势的城市旅游品牌是增强新疆旅游发展动力和竞争力的根本要素。因此，新疆旅游业要以数字时代消费者旅游需求为基准，围绕“一带一路”倡议，紧抓“旅游援疆”历史机遇，打造新产品，开发新线路，培育新业态，深入推进全域旅游和“旅游 +”“互联网 +”行动，推进旅游供给侧结构性改革，优化旅游产业布局，打造“新疆是个好地方”文旅融合品牌，把新疆建设成为丝绸之路经济带旅游集散中心，把南疆建设成为丝绸之路文化和民俗风情旅游目的地，推动旅游业高质量发展；契合城市品牌建设的需要，通过创新宣传推广形式，进一步提高城市旅游品牌知名度和美誉度。

7.2 优化旅游的类型结构

由于人们旅游需求的多样化，决定了旅游产品类型的多样化。新疆旅游更要立足自身处于丝绸之路枢纽地带的地缘优势，充分挖掘具有地方特色的旅游资源，聚焦探索“旅游 +”跨界融合新模式，大力发展特色旅游产业，深层次丰富线上线下旅游产品和服务，提升旅游产品结构个性化、多样化水平，为游客提供多元化的旅游选择，助力打造城市旅游的新吸引力。

丰富的旅游资源是发展旅游产业的重要基础，丰富的旅游产品能够满足旅客不同层次的旅游需求。新疆旅游资源丰富，有天山天池、托木尔峰、喀拉峻、库尔德宁和巴音布鲁克世界自然遗产景区，也有新疆天山天池风景名胜区、吐鲁番市葡萄沟风景区、阿勒泰地区喀纳斯景区等国家著名5A级旅游景区。新疆要充分抓住建设“一带一路”的重要机遇，以“五区二线”为重点，以“新疆十大精品旅游线路”为骨干，一是依托资源优势，加大生态旅游、历史人文和民俗文化旅游、红色旅游、乡村旅游等特色旅游品牌培育力度，推动文化和旅游业从“资源时代”进入“品牌时代”，借助品牌效应来推动新疆旅游产品的结构优化、旅游环境的整体优化。2022年北京冬奥会成功举办极大激发了中国老百姓冰雪旅游热情，雄伟奇峻的高山、引人入胜的冰川高原、悠久丰富的丝路文化、浓郁多彩的民俗风情，造就了新疆独具特色的冬季冰雪旅游资源。二是坚持因地制宜的原则，在现有旅游产业的基础上科学开发旅游资源，发展特色旅游项目，优化旅游产品结构。当前在“旅游兴疆”战略的强力推动下，新疆矿山旅游和特色资源加工基地成为新疆旅游发展的新机会。三是开拓具有地方特色的文化旅游活动，拓展新疆的旅游产业领域。新疆是著名的“歌舞之乡”和“瓜果之乡”，不断开发新疆的饮食文化、歌舞文化等民间民俗文化资源，是开拓旅游项目、刺激新疆旅游产业发展的好方法。四是依托区域协作机制加大资源共享、客源互送等领域合作，增加新疆各地区间相关旅游的合作机会，依据各地旅游特色，量身定制适合各地的旅游产品，各区合作创办一个旅游品牌主题，共同推进旅游市场的发展。

7.3 建立“互联网＋旅游”新业态

旅游业是现代服务业的重要组成部分，已经成为我国国民经济的战略性支柱产业。当前，以互联网为代表的现代信息技术持续更新迭代，旅游市场大数据监管和服务能力进一步增强。到2025年，“互联网＋旅游”融合将更加深化，为旅游业高质量发展提供强大动力。

在宣传推广方面，统筹线上线下，强化品牌引领，实施千家互联网平台联合推广新疆旅游行动。开展自媒体宣传营销活动，加大线上旅游营销力度。通过互联网有效整合线下资源，总结推广全域旅游发展经验模式，建设“新疆是个好地方”文旅融合品牌。进一步利用重要节庆举办丰富多彩的文化旅游主题活动，搭建“新疆旅游新媒体矩阵”，打造特色文旅 IP，实现全疆旅游新媒体平台资源共享互联，推动疆内外、网上网下互动营销、精准营销。加大海外宣传推广力度，持续开展“欢乐春节”“美丽中国”“中国旅游文化周”“天涯共此时”等品牌文化旅游交流活动，持续向国际社会充分展示新疆的“大”和“美”，全面擦亮“新疆是个好地方”金字招牌。

加快建设新疆智慧旅游一期建设项目，鼓励引导旅游企业依托知名在线旅游服务商平台或者品牌连锁集团在线旅游服务平台提供在线旅游预订、咨询和支付结算服务。鼓励旅游景区、旅游饭店、博物馆等与互联网服务平台合作建设网上旗舰店，实现门票在线预订、旅游信息展示、会员管理、优惠券团购、文化和旅游创意产品销售等方面功能。鼓励电商平台拓展“旅游+地理标志产品+互联网+现代物流”功能，扩大线上销售规模。鼓励采用网络直播、网站专题专栏、小程序等线上营销方式，推介全国乡村旅游重点村镇、中国美丽休闲乡村和乡村休闲旅游精品景点线路。通过人员培训或技术帮扶等多种方式，推动更多脱贫地区旅游业商户“触网”，利用网络直播平台开展营销。支持各地区建立旅游营销科学评价机制，提升旅游营销成效。刺激“旅游+”跨界融合发展，不断开发红色游、自驾游、冰雪游、酒庄游、康养游、研学游、民俗文化游、低空游和边境游等新业态，丰富游客体验感。伴随着数字化技术的普及，全疆通过开展线上线下的健康旅游宣传，实施健康旅游行动。打造康养旅游品牌，推动所有旅游服务充分贯彻健康理念。鼓励以产品和内容为载体开展业态融合创新，孵化一批具有较高传播力和影响力的旅游品牌。引导云旅游、云展览等新业态发展，培育“网络体验+消费”新模式。引导大众理性参与旅游消费，营造积极健康的旅游消费氛围。开展数字文旅商结合促进行动，促进旅游业线上线下深度融合。

同时，优化旅游市场环境，完善旅游信息基础设施和旅游信息服务体系，提高旅游信息化、智能化、便捷化水平，通过“互联网+旅游”技术的加持，推行“无感通行”“绿色通行”，打造新疆旅游大数据中心、智慧旅游管理平台、“一部手机游新疆”，为游客提供全方位服务。

7.4 升级旅游住宿设施与环境

2022年9月1日，自治区印发的《关于进一步破解瓶颈制约 推动自治区冰雪运动和冰雪旅游高质量发展行动方案（2022—2025年）》提出，加快建设满足市场需求、数量充足的住宿设施，引进一批高星级品牌酒店，积极培育酒店管理公司，提高酒店管理现代化水平。该方案明确了未来3年发展目标：到2025年，伊犁哈萨克自治州、阿勒泰地区、博尔塔拉蒙古自治州、昌吉回族自治州、乌鲁木齐市等地旅游星级酒店达250家以上，培育国家等级民宿300家左右，住宿保障能力和档次进一步提升。

近年来，新疆不同地区对旅游住宿设施和环境都有了更高的要求。布尔津县围绕“吃、住、行、游、购、娱”方面存在的短板，优化配置交通、住宿、旅游公厕等各类公共服务设施。建设旅游厕所23座，实施“老旧小”酒店整治提升行动，引导全县137家酒店、476家民宿投入1.5亿元完成硬件设施提升改造。加大星级酒店建设力度，12家按四星级标准建设的酒店陆续建成并投入使用。全县旅游接待床位突破3万张。

乌苏市加大辖区内独库公路路段旅游设施建设力度，110千米路段的观景台、旅游环保厕所、旅游超市等基础设施已全部投入使用。博湖县是首批国家全域旅游示范区，县政府持续加大旅游基础设施建设力度，花费6000万元支持全域旅游发展，极大地改善了旅游住宿设施与环境。

喀纳斯景区全力推进“四个改善”，即改善设施、改善服务、改善厕所、改善交通，以良好的旅游环境、高质量发展，推动旅游业高质量发展。同时，喀纳斯景区以产业和市场需求为导向，提升旅游功能、服务、管理水平，大力丰富文化内涵，打造民宿与酒吧、书屋、演艺等产品相融合的新业态。

沙雁洲景区是沙雅县生态旅游的中心地带，最具代表性的胡杨、塔里木河、沙漠三种自然景观融为一体，景区内的胡杨、湖泊、湿地和候鸟等旅游元素，深受广大游客喜爱。为不断提升游客体验，沙雅县不断完善景区旅游配套服务设施，提升服务水平，突出景观特色，扩大客源市场，成功创建国家 4A 级旅游景区。沙雁洲景区正在完善一批新的基础设施项目，新建 1 条环湖路、2 个清水平台，并对游艇、路牌、区间车等设施进行了全面维修。

根据 2020 年自治区重点项目清单，新疆维吾尔自治区续建阿勒泰山可可托海国际滑雪场、阿克苏皇宫湖沙漠生态旅游景区等基础设施建设项目，新建龟兹文创小镇一期建设项目、博湖县全域旅游基础设施提升工程（二期）等项目。各类项目的建设都将助力新疆旅游发展，为游客提供更好更便捷的服务。

7.5 提升冬季旅游吸引力

抓住合作契机，强化吉新两省区在冰雪旅游合作，加快建设一批冰雪合作项目，大力发展冰雪旅游。结合南北疆区位特点和季节性特点，用足用好冬季冰雪资源、历史文化和民俗风情等优势，突出大众旅游市场定位，打造冰雪旅游目的地品牌，发布一批冬季旅游线路，提升冬季旅游文化内涵。

针对冬季旅游，实施新疆冬季旅游倍增行动（图 7–1）。鼓励扶持滑雪场提升等级，指导各地推出冬季旅游精品线路，开展冰雪运动进校园、进企业活动。

冬天的新疆，除了赏雪、玩雪之外，还可体验丰富的民俗活动。近年来喀纳斯景区开展常态化、定制化赛马（图 7–2）、姑娘追、叼羊、射箭和古老毛皮滑雪等民俗活动，推出徒步、骑马、雪地摩托和马拉爬犁等多种特色游览方式，打造图瓦民俗生活馆、禾木百年老屋等特色民宿，成立扎拉特原生态乐队、禾木马蹄乐队，冬季也可以让游客感受到浓郁的民俗文化魅力。这些民俗活动极大地拓宽了新疆冬季旅游维度，让人们得以全方位体验大美新疆，大大拓宽了旅游受众。

图 7-1 冬季滑雪

图 7-2　赛马

天山天池景区与五江温泉度假酒店、五彩湾古海温泉以及冰湖酒庄合作，推出“温泉 + 酒庄”游，还将进一步建设天山天池国际滑雪场项目，打造“摄影 + 滑雪 + 酒庄 + 温泉”游，在合适的时候推出冰雪风情节、哈萨克族风情的大锅羊肉节等一系列冬季旅游活动。

此外，发挥新疆冰雪资源优势，推动冰雪经济高质量发展，既能带动冰雪运动发展，又能补齐冬季旅游短板，实现新疆旅游从淡旺分明向四季常旺转变，助力实施旅游兴疆战略。新疆将推出冰雕、冰灯展、会展、冬捕、滑雪、滑冰、冬泳和冰雪马拉松等一系列文化体育旅游活动，让运动更添乐趣和吸引力，提升冬季旅游吸引力。

此外，加大游客在冬季来新疆旅游的优惠力度。阿勒泰地区全面落实旅游景区直通车政策，开通阿勒泰、富蕴县、喀纳斯 3 个机场至城区的免费直通车，以及将军山国际滑雪度假区至可可托海国际滑雪度假区、禾木吉克普林国际滑雪度假区的免费往返直通车。阿勒泰推出 38 项文化体育旅游活动，所有 A 级旅游景区实施免门票政策，并针对旅行社推出团队游人数倍增奖励措施。雪季期间，全疆各地共推出景区免门票、旅行社奖补、旅游直通车和旅游消费打折等 74 项优惠措施。在冬季实行更大的优惠力度可以吸引更多的游客前来旅游。

7.6 打造安全旅游品牌

一是要强化旅游安全，紧盯关键领域和薄弱环节，加强安全隐患排查与整治，强化部门联动，完善应急预案，坚决防范安全事故发生。二是抓好旅游服务质量提升，全面贯彻落实“四个改善”“六个进一步”“四个满意”要求，补齐冬季旅游公共服务短板，切实解决好休息区、厕所、停车、加油和供暖等服务设施建设。三是加大旅游市场监管执法力度，严厉查处和打击严重扰乱市场秩序的违法违规行为。四是妥善处理涉旅舆情，快速、准确、温馨地处理好舆情投诉，切实维护好游客的合法权益。

天山天池景区借助智慧景区综合管理服务体系实现全面可视化指挥调度、全覆盖智能监测和大数据分析展示一体化。通过数字化技术建立生态巡视系统、地质位移监测等前端设备，实时掌握各类环境数据，实现景区（林区）区域火情、汛情、森林病虫害及非法入侵等状况的动态监测、保护及综合管控。同时，在对游客提供服务方面也更显“智慧”，通过线上预约购票、自助导游导览、一键求助投诉、直播云游和AI体验等系统，主动为游客提供需求信息智能推送、旅游自助规划、互动分享的便捷服务。天山天池景区通过全覆盖的智能监控保障游客们在旅游期间的生命安全，遇到危险，可以迅速反应并及时帮助游客摆脱险境。

数字时代，全疆将开展线上线下健康旅游宣传，实施健康旅游行动。打造康养旅游品牌，推动所有旅游服务充分贯彻健康理念。针对冬季旅游，实施新疆冬季旅游倍增行动。鼓励扶持滑雪场提升等级，指导各地推出冬季旅游精品线路，开展冰雪运动进校园、进企业活动。

在服务提升方面，实施数字化的旅游安全行动。建立旅游投诉核实先行赔付制度、旅游企业黑名单和红黑榜制度、旅游应急救援保障机制，打造安全旅游品牌。

优化旅游市场环境，开展文明旅游宣传，引导游客遵守景区风险防控要求、安全警示和文明旅游规定，树立文明、健康、绿色旅游新风尚。持续开展“微笑新疆”服务行动。强化规范旅游市场秩序，着力解决好突出问题。提高旅游从业人员素质，及时化解旅游矛盾纠纷，不断提升游客满意度。

7.7　优化高端旅游精品线路

在加快旅游业态创新方面，实施高端自驾旅游精品线路的优化提升计划，鼓励各地推出乡村康养、家庭亲子、田园旅居和民俗体验等旅游业态，实施精品旅游线路拓展行动。

新建 S101“天山地理画廊”等 4 条精品旅游线，优化提升独库公路等 3 条旅游线，重点推出 10 条夏季健康休闲自驾旅游线、10 条金秋摄影自驾旅游线、10 条冬季冰雪和大漠民俗自驾旅游线。

将精品景区及优质旅游资源串联起来，着力打造以知名景区为核心的精品旅游线路，例如以 A 级旅游景区为核心的新疆旅游资源，通过吸引游客，围绕这些景区开发的精品旅游产品，从此前的点状旅游向线状、面状旅游拓展，从而提升新疆旅游的黏性，形成品牌效应。根据季节变化和代表性节日设计规划以游客需求为导向的精品路线，让游客更好地领略自然美景，体验乡土文化，感受人文魅力。进一步梳理丝绸之路古道，推出系列古道游活动，在桑株古道开展自行车骑行、赛车，在乌孙古道开展徒步穿越等活动。

通过因地制宜，依托丰富的旅游资源和深厚的人文底蕴，进一步打造具有区域代表性和地域特色的景区景点，并进行科学的线路规划和设计，探索主题式的精品旅游线路带动沿线旅游业发展。以不断完善全疆路网为基础，制定多样化旅游线路。针对不同的消费群体、消费需求，有针对性地进行产品开发和线路设计，例如高空旅游、沙漠旅游、美食旅游和民俗旅游等。通过与国际化的大型旅游平台合作，进一步聚焦消费需求的热点，持续推进旅游线路产品的迭代升级。

7.8　开发新业态旅游

数字时代数字文化产业快速发展，产品供给日益丰富，产业融合激发消费潜力。5G、大数据、AR/VR、人工智能和超高清等数字技术在文化和旅游行业广泛应用。线上演播、数字艺术、沉浸式体验等新业态发展迅速，一批具有鲜明中华文化特色的数字文化精品不断涌现。文化和旅游业态融合、产品融合、市场融合，旅游演艺、红色旅游、乡村旅游和文化遗产旅游蓬勃兴起。

“古道游”深度融合“文化+”文旅资源。围绕“发掘古道资源讲好丝路故事”，重点推介10条丝绸之路古道游线路，通过探访古道，研究古道旅游方式和新业态，真正做到让历史发声、让文物说话。10条古道游线路中既有适合徒步的线路，也有适合自驾的线路，线路向旅游产品转化度高。其中与G219深度融合的包括乌孙古道、弓月道、塔莎古道、蒲犁道和桑株古道5条古道，特别是与昆仑环线交会的塔莎古道、蒲犁道和桑株古道都成为新的关注焦点。古道游的品牌线路与G219的线路高度契合，将使G219成为新疆古道游文旅线路最好的推介项目。

融合数字化技术，开展智慧旅游建设。建设完成包括新疆旅游大数据中心、智慧旅游管理平台、智慧旅游营销及服务平台等在内的新疆智慧旅游项目。智慧旅游通过实现景区预约，能满足错峰旅游，缩短游客排队等候时间，有效缓解游客拥堵，明显提升游客体验度和满意度，更涵盖“吃、住、行、游、购、娱”等众多文旅要素，可为游客提供全方位的“游前、游中、游后”线上体验。推进产业融合和景城融合，丰富旅游业态，提升基础服务设施和公共服务水平，培育一批全域旅游发展示范区，形成可借鉴、可推广的经验和模式，带动全区全域旅游高质量发展。

图7-3 智慧旅游小程序

以“互联网+旅游”为特色的智慧旅游，为高质量发展提供技术加持，文旅融合、融合发展则为旅游发展打开了广阔的上升空间。促进“旅游+交通”“旅游+体育”“旅游+气象”“旅游+农业”“旅游+工业”“旅游+林业”等旅游融合发展，让非遗走进景区、特色街区、乡村旅游重点村。

政府扶持新业态旅游业发展。微旅游、露营游等新业态、新模式加速发展，旅游业发展产生新动能。政府有关部门持续出台相应帮扶政策，为促进新疆文化和旅游活动逐步恢复并大力发展提供了有力的政策保障。同时，加快旅游供给侧结构性改革，推动旅游业从门票经济向产业经济转变，从粗放低效方式向精细高效方式转变，从封闭的旅游自循环向开放的“旅游 +”转变等，进一步优化空间布局，协调区域发展，构建好“一心引领、一地支撑、三带辐射、十线串联”的全域旅游空间新格局（图 7–3）。